二

蔡亮　蔡澜　蔡萱　蔡芸　合著

山东画报出版社

目 录

蔡 亮

我的父亲
——蔡文玄（柳北岸） ... 3

迟来的荣耀　我的父亲蔡文玄（柳北岸）
——马来语电影的开荒牛 ... 43

我的父亲蔡文玄（柳北岸）
——和邵氏机构慈善事业的关联 ... 48

我的父亲蔡文玄（柳北岸）
——与电影事业的渊源 ... 54

我的父亲蔡文玄（柳北岸）
——仗义行侠记 ... 60

逝去的岁月	67
怀念中的舅舅	104
忆谊弟黄汉民	113
我所认识的郭成源副董事主席、林秀梅董事主席	
及黄美云董事主席	118

蔡 澜

三七	129
搬家	132
老师	135
未了集	137

蔡 萱

在电视圈二十七年	151
往事如烟	157
日本人谈日本人	163
有趣的禁忌和迷信	165
影坛往事	167
制作《天眼》个人杂感	169
寻食·寻根	173

蔡 芸
父女缘 177
忆祖父——蔡文玄 187
我的祖母——洪芳娉 195

附 录
谈诗论艺·文采风流
　　——诗人柳北岸先生　　甄供 205
记蔡澜的父亲、诗人柳北岸　　潘耀明 215
蔡文玄子女捐二千多本藏书给国大　《联合早报》........... 221
感恩的心，是激励人心的酵素
　　——蔡亮，南洋女子中学前校长　　潘思闻 225
黄昏岁月夕阳红　改变舞台演新戏　退休不是休止符
　　——南洋女子中学前校长蔡亮　《联合早报》............ 229
THE FIRST LADY OF NANYANG…
What you've always wanted to know but didn't
dare to ask　　By Laurel Lin Jue 235
A TRIBUTE TO MADAM CHUA LIANG
on her retirement as principal Nanyang
Girls' High School　　By The Nanyang Family 240

蔡澜印象二三	何 华	244
蔡澜：本地美食消失　因新加坡人缺乏进取心	高健康	248
倪匡蔡澜　老友谈老友	张曦娜	256
猫爸·猫妈	黄意会	262
蔡文玄年表		265
蔡亮年表		271

蔡 亮

我的父亲
——蔡文玄（柳北岸）

（一）家　乡

父亲出生于中国广东省潮安县金石市。家中有兄弟五人、姐妹二人。父亲排行老末。

蔡家四代人做纺纱织布厂，最初在韩江上游"急水"这地方设厂。后来搬回家乡聘请女工纺棉花成线，再织成土布。

那时，正值西方工业革命。明治维新后，日本学会了澳洲的纺织技术，所出产的布又漂亮又便宜，中国纺织业大受打击。蔡家的织布厂没法做下去，只好把一半的资金投放在自己的十几亩地种植蜜柑。蜜柑种植三年后才有结果，钱不够，只好向大姐的家翁借了三四千元作周转。在那个年代，三四千元是很大的数目。家中因负债而穷困。种了三年，快有收成，天气竟起了变化，大雨连绵。家

父亲蔡文玄（柳北岸），为人正直、清廉、守诺言、重情义、坚守君子之风。

人没有知识也没有经验，不懂得要排水。积水淹没了树根，树根烂了。一棵棵柑树枯黄，叶和果实都烂了、掉了，柑园完了。家人只好把柑树砍下来当柴烧。

当时，父亲只有三岁。一日，祖父去城里收账，患上了鼠疫（黑死病）突然去世。天天啼哭的祖母因过度忧伤，竟把眼睛哭瞎了。不幸是祖母怀了遗腹女，生下后无法照顾不得已送给他人抚养。祖母眼瞎，不能煮食，只好和我父亲二人每月轮流到大伯、二伯、三伯家中吃饭。

家中因负债，生活困苦。不得已，大伯去印尼占碑同乡店里做"财副"（书记），二伯到马来亚柔佛州小笨珍（Pontian Kechil）替人看店，三伯到山打根工作，四伯仍在求学。家中人靠伯父们俭吃省用寄回的一点钱勉强过活。

父亲最初在家乡私塾学习，读《千家诗》《孟子》《论语》等古书。后来考入金石市出名的"群进小学"读高小一年级，至十二岁毕业。因为他的数学不好，所以每年只能得第二名。

小学毕业后，考入潮州市最著名的"金山中学"。因家境穷困，他只有一套校服，从星期一穿到星期六。回家后，赶紧脱下洗净，星期天下午穿上赶回学校。有时遇到雨天，只好把湿透的校服穿上。他常在寒风中徒步几里路，为的是要省下车费买文具。生活困苦，他没有钱像别的同学一样买钢笔、买皮鞋。同学们去郊游、野餐、聚会，他却没有余钱参加。

父亲自己一个人在校园内面向韩江的一个八角亭读书。同学们不了解他的苦处，竟给他一个外号"鼻流入目"（潮州语，即是"白仁"，呆子之意）。

那时，中国因为军阀争夺地盘，陷入了内战。军阀们常来广州打仗。他们一来，学校只好停课，四年中来了五次。学校停课期间，父亲没有回家，整天往图书馆里钻。这是因为膳食费已交给学校。他若回家，会吃掉家中一碗饭，不如不回，多留一碗饭给家人吃。

这期间，他读了许多古文学及古诗词，从此有了很好的文学基础。他的文章写得很好，又会绘画，常得师长的赞赏。而父亲和同学赵风编辑的《血花画报》更得到好评。

中学毕业后，父亲有一位要好的同学郭成源，要去天津投考南开大学。郭的家境很好，但心中害怕。他的父亲便请我父亲陪他去天津，一路上帮他准备入学考试。他父亲叫我父亲也报名投考，希望在考场中能帮他儿子作弊。谁知考试那天，两个人的座位离得很远，没法子帮到他。后来才知道父亲被录取而郭同学却落榜了，可惜父亲因家境穷困，没法入读大学。

（二）从军北伐

这时，家中突然来了电报，要父亲立即返家。父亲怕祖母出事，赶紧回乡。

原来有一位姓黄的同学，把父亲和朋友合编的《血花画报》给北伐军十四师政治部主任潘学吟看，潘学吟印象深刻，邀请他加入部队，做宣传部股长。军阶是少尉，月薪五十五元。当年父亲是热血青年，眼见中国因军阀割据天下，陷入内战，不能统一，他正想尽国民的责任。于是，父亲顺理成章从军北伐。

他的工作是在军中作政治宣传，拍照、做记录、写文章、出海报、印标语、绘制宣传画。有重要会议时则需布置会场，做各种筹备工作。

军队从潮州坐船出发，到了高陂，北洋军阀周荫人的军队忽然来到。双方于是在高陂往上的一个地方松口打起来。军阀的军队因为武器不如北伐军的先进而被打败了，双方死了很多兵士，许多村民更无辜牺牲。父亲要带领活着的村民去埋葬死者。

军队在松口再出发，到湖寮、下洋，经过福建的诏安、漳浦、云霄、同安、南安、惠安、仙游、莆田，到了福州，住了一个月，部队再到水口、南平、建瓯、建阳，一直到浦城、仙霞岭，到了江山县，经过宁阳、新安江、衢州，到了杭州，放假七日，给大家去游玩。

杭州是属于军阀吴佩孚的地盘。他不打而跑掉，是为了保存实力。父亲的部队从杭州一路追赶上去，经过余杭，进了江苏省，再经过很多地方才到达南京。那时已是一九二七年一月。

当时军阀们为了要保存自己的实力，不愿和中央政府的北伐军队交战。于是当北伐军队快到一个地方，军阀的军队便赶紧撤退跑掉。北伐军队追了上去，军阀的军队又跑掉，所以真正交战的次数不多，而父亲也曾在两方交战时被流弹伤及足部，留下疤痕。

北伐军中的生活很苦，很少有机会骑马，多数是步行。一天最少走六十华里路（即三十公里，1华里＝1/2公里）。有时赶路，要走一百三十华里（即六十五公里），走到全身酸痛得要命。

有时天气很冷，没地方住，只能睡在稻草堆上，半夜冻得要死。军队没有提供冬衣，要自己购买，没钱就没办法了。

军队没携带粮食。每到一个地方才在当地采购或征用，有时到了很穷苦的地方，连吃的东西都找不到，只好天天吃蕃薯和咸鱼。

福建省建瓯县是很穷苦的地方，人们从来吃不起米饭，终年以蕃薯干为粮。

一天，父亲走过一家门前，看见了一副对联："天下皆春色，我庐独素居。"他看见这对联写得很好，便进去看看。原来这屋主本来在福州协华大学工作，父母病重，请假回家看看，不料父母相继死去。他没钱埋葬父母，邻居们都愿意帮忙埋葬，但大家凑不出钱买棺木。他请同事回去大学先垫支一些钱作埋葬费用。父母死后数日，那同事迟迟未归。这可愁死他，不知如何是好。整个人已变得痴痴呆呆。父亲拿出二十元给他。回到军队，向同伴说起这件事，大家又合捐了六十元。父亲回去，把钱交给这人，这人竟流泪跪下，父亲也流下眼泪。

一九二七年二月，上司叫父亲去上海印制宣传品及标语，因军队进入山东省时，需要这些宣传品。

父亲因为穿着军服进入租界，竟被抓了入狱，后来设法联络到上海第七军政治部主任，才把他保释出来。

第二次再去上海时，父亲跟朋友去赌"跑狗"，用五块钱中了第二奖，赢了七百五十元。他做了三套很帅气的西装，挂在旅馆房间里。这期间，父亲认识了很多写作人。这些人很久没有冲凉，都到父亲房间里冲热水凉，冲完就走，一个传一个，结果很多不认识的人都来冲凉。一个在汕头认识的客家朋友，冲完凉，穿上父亲的新西装就走了。

在上海，很容易买到不同著名大学的假文凭，很多人购买，作为将来谋生之用。父亲认为此事不对，始终不肯参与。

在军队中的两年多岁月，因为不停奔走，无法得到家乡的讯息，父亲心中非常挂念。

一九二七年四月南京国民党进行清党，要把所有的共产党员清走，于是，杀的杀，抓的抓，逃的逃，情况很严重、很乱。被误杀误抓的人很多。父亲本来就对国民党内部官僚的腐败贪污作风感到不满，看到局势这么乱，怕被牵连，便和同伴商量要离开军队回乡。父亲离开时只拿到八十元，很多个月的薪水全都被官员扣住吞下去。这八十元连回乡的路费都不够，好在身上还有赌狗赢来的几百元。

离开军队之前，请黄主任为每人写一张字条护身，说是军队解散，他们回家，有什么困难，请有关机关照应一下。

（三）回　乡

父亲和三位同伴一起离开军队，他由于很喜欢旅游，于是决定先到处玩玩才回乡。他们到过山东省日照、青岛、泰安、曲阜，后来到了济南。这时听说军阀在南京大反攻，战争激烈，死伤无数，都庆幸已离开南京。

他们又去安徽、江西、云南等地，共游玩八个省份。旅途中坐车、坐船、住旅店都不用付钱。因为他们保留着军队的徽章。只要出示这些徽章，一切免费。

父亲和同伴走到云南昆明便散队，各自回乡。

回到家乡，情况很糟。四伯是从农民运动中所办的学校毕业，因而认识一些激进分子，他的思想左倾，在报馆做编辑，搞农民改革运动，带领农民反抗地主。有一晚，国民党军警到家中抓他。他从后窗跳出，逃走了，四处逃亡。

父亲找到四伯。四伯说他一定要走，不然没命。他将一把手枪交给父亲去卖。刚好有一位张同学，怕农民骚扰，为了自卫，买了手枪，给了父亲八十元。父亲把钱交给四伯作路费，去南洋。那是一九二七年七月。

这时，三伯从山打根回乡。不久，突患急病死了，留下遗腹子树坤堂兄。

父亲到汕头，一面教书，一面在报馆编文艺副刊，认识了很多文艺界的朋友。

不久，一个做党棍的旧同学，把父亲当作共产党，诸多盘问，又不断查问四伯下落，甚至不断监视跟踪。父亲心中恐惧，不得已在一九二七年九月前往南洋。

（四）过　番

那时船票只需五元。坐上一条叫作"安徽"的轮船，从汕头出发，到新加坡要五天行程。为了省钱，父亲买"统舱"（普通船票），没买"峇厘"（上等船票）。峇厘级需二十五元，有自己的房间。统舱级住在甲板上，要和很多人睡在一起。

（五）初到新加坡

一九二七年九月，父亲抵达新加坡。那时没有海关，也不用到棋樟山去隔离几日检查身体。下了轮船，只给一毛钱便可坐上小艇到老巴刹（当时称铁巴刹）的河口上岸。

上岸后，父亲去美芝路（Beach Road）的一间油漆店找一个姓林的小学同学，暂时"隆邦"（为马来语 Tumpang 音译，意指借宿）。那时的新加坡到处是土路（路面先铺上碎石块，再铺上泥土的路）。路上没有汽车，来往的人很少。从大坡到小坡有一条柏油路，起端是丹戎巴葛（Tanjong Pagar），另一端的终点是芽笼（Geylang）。要到实龙岗（Serangoon）四条石，便要一路走上山顶去。现在的宏茂桥（Ang Mo Kio）当时是一片荒地。十八间后（Circular Road）是做期货的地方，有九八行，卖锡矿产品，卖甘蜜（Gambir）、胡椒等土产，也有专卖进口布料的店。碗店口（Clyde

Terrace）是卖杂货、碗碟的地方。漆木街（Church Street）最热闹，那里有一座吊桥，人们来来往往。"福安"当时已存在。隔邻是警察总部，对面是发电厂和邮政局。芳林公园在当时是一条街道。附近有十八间后（Circular Road）、香港街（Hong Kong Street）和嘉宾达街（Carpenter Street），走下去就是牛车水（China Town）一带。印度教庙堂当时已存在。一直往前走便到胡文虎总行的厂房。火车站的终点是在克里门梭道（Clemenceau Avenue）。要去马来亚（Malaya）需要在这里坐火车。武吉知马（Bukit Timah Road）一带没有洋房，只有一座一座用木头搭成的很漂亮马来式的屋子（俗称浮脚楼），屋子用木柱撑起，底下放石块或砖块。

那时，政府大厦刚建成，后来才建邮政总局。红灯码头（Clifford Pier）是最难建成的建筑物。它的底下是海里的沙地，下桩打下五十尺，立刻陷下去。要再打五十尺，甚至一百尺，不然整个建筑物会塌下去。承包商亏了大本，几乎破产。

白沙浮（Lavender Street）到处是日本人开的娼馆，日本妓女就站在门口接客。那时日本人很穷，许多穷家女儿只能到异乡卖淫，赚钱养家。她们很容易被传染到性病，当时医药不发达，没得医治，年纪轻轻便死去。从现在后港九皇爷庙后再往前进，就有一个日本坟场，埋葬了许多死去的日本年轻妓女。

当时的交通工具是有轨电车，可到后港（Serangoon Road）。从大坡到小坡则要乘坐用大型福特（Ford）汽车改装的罗厘巴士（Lorry Bus）。前面司机旁可坐一个乘客，后面可坐四个人，有一个人站在车后收钱。

新加坡那时到处破破烂烂，旧旧的，但东西比中国便宜，生活水平很低。一个人每月赚十元，就有能力娶老婆。

（六）到大笨珍做校长

一九二八年，父亲在家乡就读的群进小学的老师林博夫先生，在麻坡（Muar）做校长。介绍父亲去马来亚（Malaya）大笨珍（Pontian Kechil）大同小学做校长，月薪七十五元。

这小学规模很小，只有四班学生，连校长在内只有三位老师。父亲教各班华文，一位女教师教音乐、体育，而她的丈夫则包办其他科目。

父亲办学认真，教学生动有趣，常做家庭访问，和家长讨论学生的学习进展。他自己做出很多适合课程的教具，实行陶行知的新教学法，为学校做了很多事情。

有一天，父亲带领学生去山上抓斗鱼，作为课外活动。

早上出发时，阳光很猛，天气很热。他们带了抓鱼的网，也带了玻璃瓶。到了小河的下端，放置一个篮子，开一个洞。又到上流用木头打水，把鱼赶到下端，鱼跑入篮子就被捉住。那些鱼是斗鱼（俗称打架鱼），色彩缤纷，很漂亮。把鱼装入玻璃瓶，大家高高兴兴，快乐极了。

这时糟糕了，天色大变，倾盆大雨越下越大，没有避雨的地方，只好冒雨下山。那山路都是泥浆，路不平，一脚踏下去，水就浸到腿上。年纪最小的学生只有七岁。跑到一半，走不动了。父亲卷起裤管，背着他走。另一只手牵着另一个小学生。

经过街场，众人围观，认为是奇事。从来没有一位校长，周身泥浆，一塌糊涂，好笑极了。街场有人讲父亲的坏话，称他为"奴仔校长"（潮州语，小孩校长之意）。尤其是校董，认为这事不像话，有失体统。更糟的是他背着回来的那个小孩隔天发高烧，好在后来烧退了，父亲才放心。

既然董事有微言，到了年底父亲只好辞职，回到新加坡。

（七）创立画室

一九二九年，父亲和朋友林龙在当店巷（Craig Street）创立"文苍画室"，替商家绘画招牌、日历牌、广告、大幅电影广告、海报及其他宣传品。

有一位曾做过爱同小学的校长殷宴，后来从事电影业。父亲替他画电影广告，画得很像、很美，他非常满意。他在他的几张名片上写上推荐的话，交给父亲。父亲拿着这些名片，到一家一家电影公司，带着样本的照片，去招揽生意。他替这些公司画广告布幕，做幻灯片，也替商家画铁皮广告，如胡文虎的街头看板和虎标油等广告。

那时他去海星公司（邵氏兄弟公司前身）见了邵仁枚、邵逸夫两兄弟。不过当时公司已有专人负责这些事宜，接不上生意。

父亲的合伙人林龙，这时要回去中国结婚，父亲用三百元买下他的股份。

广告社开业后的第三个月开始，陆续有从中国来新加坡找生活的朋友前来投靠。这些人越来越多。父亲是来者不拒。生意上赚来的钱都花在这些寄宿者的伙食费上，还要借钱给他们用，怎么赚都不够用了。

一天，一位在大笨珍大同小学的旧同事刘有福来访，说邵逸夫正在找他，于是父亲穿了西装，潇潇洒洒地去见邵先生。原来邵逸夫刚租下华英戏院（Empire Theatre），需要父亲绘制电影广告、海报等宣传品。除了兼做书记，晚上还要去看管戏院。这一年是一九二九年。

接洽时，邵逸夫口述一封信，叫父亲立即写出。他见到父亲文笔通畅，字体优美，马上聘请他，月薪七十五元。当时普通工人月薪二十元，七十五元已经是公司最高薪金。

（八）受聘海星公司（邵氏兄弟公司前身）

整个公司连二位老板只有七人。父亲负责宣传部、文书，兼管戏院。早上九点开始工作，到晚上电影放映完后才放工，那时已是半夜十二点。如果卖票、带位的员工没来，他也要卖票带位。白天在公司后院画电影大幅宣传广告，晚上在公司内打开帆布床睡觉。

当时的华英戏院是用木头建成。银幕旁有一部自动风琴。放映的影片是在上海拍摄的中文默片（无声电影）。银幕下方有说白字样。为了不致无聊，使用发条的自动风琴，一直叮叮咚咚地奏乐。

票价分两毛、三毛、四毛。观众多数是穿木屐进场的男观众，女观众很少。戏院可容纳六百八十人。政府没有抽税。

父亲每天下午没事做，便在《星洲日报》副刊上写随笔，写过去在军队中的趣事，很多人喜欢追看他的文章。那时中国有一位作家，叫萧楚女，父亲喜欢他的文章，便把自己的笔名定为"文女"。那时报馆没有给稿费。

（九）回　国

一九三一年日本开始侵占东三省，后来打到上海了。父亲喜欢军中生活，因为可以随军到很多地方玩。他想再参军，做一些比较有意义的工作。父亲当时患上严重的胃病。人们认为是"水土不合"，应该回中国才能根治好。于是他向邵仁枚辞职回国。

一九三一年他先乘坐名叫 North Shore 的荷兰船到上海，再回汕头。父亲一面教书一面在《政报》编文艺副刊。版名"活地"，月薪三十元，天天出报。这期间，他认识许多作家，如：铁抗、金石生、叶康复、吴其勉、沈武等人。

（十）结　婚

一九三一年，父亲在广东省汕头市市立第五小学教书，认识了同校的女教师洪芳娣。母亲当年活泼貌美。教员全部住在校内教员

1931年,父亲蔡文玄(后排右四)与广东省汕头市市立第五小学的同事合影。教书期间认识了同校的女教师洪芳娉(后排右五),两人于1932年结婚。

1931年,母亲洪芳娉(左五)在广东省汕头市市立第五小学与同事合影。

宿舍，放学后大家一起下围棋。父亲教母亲和一些同事下围棋。大家围来围去，人走光了，剩下他们两人还在围。日子久了，产生感情。

据父亲好友谢倬荣先生的叙述：那晚在宿舍的厅中，父亲被同伴们逼供之下，承认爱上母亲，但没有勇气求婚。同伴们立刻敲了母亲的房门。房门开了，同伴们把父亲用力推进了房间。众人屏息等待。一会儿，门打开了，父亲红着脸出来。众人追问如何？父亲点点头。众人鼓掌欢呼，一哄而散。

（十一）生儿育女

一九三二年父母结婚时，两个人的薪水有一百多元。结婚第二年生下我，再过一年生下大弟蔡丹。因为父母都在教书，只好雇用两个奶妈。一下子家中有六口人吃饭，收入不够用，父母很烦恼。

我和大弟生病时，都是父亲抱着坐洋包车去看病。有一次下大雨，到处是泥泞，很肮脏、很湿滑。父亲穿着长袍，抱着我，一不小心，父女二人从楼梯滚下来，幸好没有受伤。又有一次，父亲抱着大弟蔡丹去找医生看病。哪知丹弟泻肚，把许多大便泻在父亲的长袍上，让他狼狈不堪。

一九三七年"七七卢沟桥事变"，日本占领了北平、天津，开始轰炸上海。中国局势不妙，看情况，迟早一定会打到汕头。这时，邵氏兄弟已把海星公司（邵氏兄弟公司前身）发展得很大规模。他们写信给父亲，请他回来新加坡帮他们工作。父亲于是决定到新加坡工作并打算隔年接母亲和我姐弟二人过来。

（十二）船沉遇险

一九三七年八月三十日，父亲从汕头坐荷兰轮船"万福士"经香港去新加坡。九月二日到了香港，海上却刮起大台风，船触礁了，船底破了一个大洞。风浪把在甲板上的乘客摇到东歪西倒，被抛来抛去。父亲找到一条大粗绳，把自己牢牢绑在一根木柱上。这时有一艘挪威邮船经过，水手们奋力地救起父亲和一些乘客，可是已有很多人淹死了。海面上漂浮着一具具死尸、行李和杂物。附近有一艘日本船也沉没了，港里许多的小船也沉没。

父亲全身没力，被几个人拖上岸。行李没有了，只剩下身上的湿衣服，住进了船公司安排的旅馆。好在收藏在口袋中密封的朋友地址仍能依稀看到。

在香港的第二天，父亲忽然病倒，发冷发热发高烧。鞋子没有了，只好向人借来一双木屐，走到南北行街（即文咸西街）找到好友吴其勉的父亲吴荣南。

吴荣南是位名医，他一看见父亲便知道他病了，于是替他把了脉，叫人抓药，又请旅店的人代为煎药。父亲吃了药，第二天下午病就好了，非常感激。

第三天报章报道：在这场风灾中，香港居民死了一万零九百人。

1939年全家照，蔡亮5岁，蔡丹4岁。

泊在香港的一百零一艘大船沉没，还有二十八艘船搁浅，被海浪冲上岸。

几天后他换了一艘船"安庆"前往新加坡。

未上岸前，全部乘客被下令到棋樟山（现今圣淘沙）接受隔离、消毒。几千人有男有女被脱剩底裤排队，工作人员用水管将带臭丸味道的冰冷臭水，对着他们从头淋到脚。这是避免乘客把疾病传染给新加坡居民。

在岛上除了三餐，下午茶还有 Roti（面包）涂 Kaya（椰蛋酱）。太好吃了。

等到第三天，父亲终于领到他的行李。浸泡了几天，很多东西都坏了，只好丢掉。只剩几件衣物用报纸包着。好在钱一直随身带着，没有丢失。

在棋樟山呆了两个晚上，才乘小船到达新加坡。直接上岸，没有人检查，也没有海关。这时父亲疲惫不堪。人瘦了，好多天没剃胡子。袜子丢了，只有鞋子。整个人肮肮脏脏，像个乞丐。

父亲先到一位朋友林顺和的家借宿。休息了三天三夜，去理了头发刮了胡子，第四天才去见邵家两兄弟。邵氏公司员工人数远远超过当初的几倍。这时他才知道薪水只有五十元。他离开邵氏回国时的薪水已有七十五元，怎么现在只剩五十元？邵家兄弟说，现在不景气，公司正在裁员减薪，只能给五十元月薪。父亲心想，公司裁员减薪，为什么还叫他从中国来？心中不快，但也没办法。

这份薪水，除了生活费外，其余尽量设法寄钱回家。工余时间，父亲替学生补习华文，赚点外快才勉强够用。过了半年，在一九三八年，才把母亲、我和大弟，连同我的奶妈廖蜜从中国接到新加坡。

这段时期，父亲心中好不痛快。因为五十元的月薪要维持一家五口的生活是很困难的，还要交房租。补习的收入不定，时有时无。此外，父亲有一个坏习惯——看见喜欢的书，不管多贵，一定会买来看。

后来，朋友介绍母亲替一家电板公司做收账员，月薪十八元。又过了一些时日，母亲到后港十条石（Tampines 10 Miles）一间很小的小学——新民小学做校长。我们和母亲住在学校教员宿舍，父亲一个人在罗敏申路（Robinson Road）的爱德华公寓租一间房住。每到星期六下午，父亲乘巴士来探望我们，星期日下午再坐巴士回去。有时母亲带着我"隆邦"（马来语，意指免费乘搭）村里小伙子载沙的罗厘（Lorry，即货车）下坡。我和母亲坐在车头司机旁的座位，好快乐呀！

父亲在邵氏的工作是每两个星期编撰一本电影宣传杂志《电影圈》，不用绘制电影宣传品和海报，但仍替邵家兄弟写信。

过了一年，父亲升级做经理，月薪升到一百元。这时要替公司买卖影片和负责影片的发行工作，但是还须替东家写信。邵氏兄弟用口述指示来往信件的内容。他们的华语带着很浓重的上海腔（尤其是邵仁枚），别人都听不懂。一方面也是因为有些机密事，不愿他人得知。父亲早年来新加坡后，便勤学马来文、马来语，更学会

父亲的书柜内全是他审核过并订装的电影剧本。

爪夷文。他用爪夷文作拼音速写，故此不会有遗漏或错误。另一方面是因为父亲文笔很好，字体也很秀丽。

到了这个时候，父亲才开始喜欢他的工作。他需要帮邵家兄弟看剧本审核电影。电影也是一种文学，看剧本时就好像在看小说。看由剧本制作成的电影也是一种乐趣。他不在乎有多少薪水了。结果，一年又一年做下去。

（十三）日本占领新加坡

一九四二年，日本进攻马来亚，快打到新加坡来。邵氏公司只好停业。二月三日，邵仁枚把家搬到阿尔柏王园（King's Albert Park）山顶最高处的一间大洋房。他吩咐父亲把家人搬入山脚下的一间乡村小屋子，认为这样做比较安全。

父亲请工人在屋子外挖了一个防空壕。当日本飞机来轰炸新加坡，全岛警报声响起，我们全家便赶快躲入防空壕，以免被流弹所击。

一日，警报声响了，我们躲进防空壕。父亲抱着二弟蔡澜（那时六个月大）最后要进入防空壕时，一片大流弹碎片射了过来，从父亲的耳际射了过去。父亲感到耳旁一阵疾风扫过，身后的一棵大玉兰树应声而倒，惊险万分。

我们在小屋子住了五日。一天，父亲照常在早上到山上向东家请安，并看看有什么吩咐。他到了邵家，大吃一惊。只见大门打开，屋内一片凌乱。原来邵家已连夜搬走。

这时父亲有种被抛弃被叛变的感觉，心中万般痛苦。既然大屋子没人住，我们也没找到车辆搬走，父亲叫家人住进邵家大屋子。他认为这样会比山下的小屋安全一点。

一九四二年二月九日，日军攻陷新加坡，从马来亚渡过长堤，由北方进入了。

二月十五日清晨，父亲向窗外远眺，看见有许多像绿豆般的小点在蠕动，从北方山脚上来。定睛仔细详看，他断定是日军来了，马上大声叫喊，命令家人抛下一切，马上向山的另一方逃命。我们穿着睡衣，连拖鞋都来不及穿上，赤着脚沿着荷兰路（Holland Road），经过植物园、乌节路（Orchard Road）逃到丁律（Tank Road）邵氏公司的职员宿舍。和我们一起逃难的人，还有我的奶妈廖蜜和父亲的挚友谢倬荣先生。

一路上，我们赤脚踏着瓦砾、玻璃碎片、杂物。脚底被割、被刺伤也不知道疼痛。我们看见到处横泊的车辆、等待投降坐在路旁的英国军队。更可怕的是许多躺在路上或是在植物园旁的大水沟中的死尸，还有断手断脚，正在不断痛苦呻吟的伤者。我们必须从他们的身旁走过赶路。这些情景，多年后还常在我的梦魇中出现，令我惊醒。

一路上，父亲一手牵着我，一手牵着大弟蔡丹，母亲背着二弟蔡澜。在路上，日军飞机来轰炸，飞过上空，我们赶紧逃入植物园旁的污水沟。起来时，全身湿透，也顾不了，又脏又臭继续赶路。

也许是惊怕，也许是饥饿，父亲说我的脸色苍白，全身无力，好像病了，吓坏了父母亲。后来父亲叫我们稍休息一下再赶路，终于到了丁律（Tank Road）邵氏职员宿舍。

当时，宿舍里已住了几户人家。他们看见我们到来，立即关起门，不加理睬。一副"你死是你的事"的态度。人情竟凉薄如此！

我们身无分文，连一件替换的衣服也没有，真是饥寒交迫，狼狈之至。幸好隔邻光艺电影公司的何启荣先生知道了我们的情况，派人送来一个畚箕的白米，一些盐、糖，几件炊具和一些衣物，以解我们燃眉之急。后来几天，继续送来食物和蔬菜。这真是雪中送炭，温暖了我们的心。天下间还是有好心之人。何先生的这番大恩大德，我们铭记在心！

过了几天，我的奶妈廖蜜冒险潜回阿尔柏王园（King's Albert Park）的家，回来时全身发抖，面色苍白，好久说不出话来。原来同村的二百多户村民全部被日本人屠杀，连小孩也被刺死，尸横遍野。我们在山下的家被烧了，什么都没有了。

在这样的困境中，一日，邻居蜂拥相呼，把山后许多洋人的住家，一一撞破门，洗劫一空。父亲不管母亲如何催促、逼他也去抢，他就是不肯。他说："读圣贤书，所为何事？""君子有所为，有所不为！"母亲气煞，竟骂他："太平时的君子，乱世中的窝囊废！"

我想，"时穷节乃见"，就是这个道理！

日军进入新加坡的第三天，挨家挨户敲门大声喊叫，命令屋内所有的男人出来，去集中接受检证。这时，好在父亲用大锁头从外面锁住大门，装作无人居住的样子。父亲先前已吩咐，任凭日军大叫大喊,用枪乱敲、用军鞋乱踢大门,屋内的人都不可出声或去开门。

过后才知道:在检证中,凡是年轻力壮的男人、文弱书生、受过教育或身上有刺青的人(因被怀疑是私会党员)都被带走到樟宜(Changi)海边射杀身亡。我家附近的邻居,很多男人都一去不回,包括著名画家张汝器和作家铁抗。一到晚上,整条丁律(Tank Road)各家各户哭声连绵不绝,凄惨之至。父亲又逃过了一劫。

到了第三天,检证过了,人们可以出门去。母亲叫父亲去买粮食。他走到里峇峇利路(River Valley Road)靠近 United Engineers 那里,要经过一座桥,那里有日本兵驻扎。每个人要向他们深深鞠躬行礼。日本兵喊父亲过去,叫他把冷藏库中的冷冻羊抬上军车。那些羊又大又重,父亲用尽吃奶的力气把羊抬上去。到抬到第二只羊时又重又滑,抬不上去,掉了下来,沾上了很多沙。日本兵气极了,一声 Bakayaro(意指蠢材)用他的军鞋大力把父亲一踢,使他从桥上一直滚到桥下,痛得要命,父亲流下眼泪。回家后,他叙述这事,眼泪还是流个不停。

一日,一个日本兵冲进屋子,见到父亲同事的年轻妻子,一手便抓住衣领走向楼梯。那女子又哭又喊,拼命挣扎,但还是被拖上楼。"砰"的一声,门被关上。

那没用的丈夫,走上楼梯,又退下来。上上下下,好像热锅上的蚂蚁。父亲急中生智,看见身旁有一个大铁盘。他赶紧高高举起,重重往地面摔下。"铮锵"一声,日本兵拉着裤子,打开房门,连声问:"Shite?(什么事?)"父亲比划手势,意思是:铁盘从楼上掉下来。这么一来,扫了日本兵的兴,连声Bakayaro,穿上裤子,悻悻而去。

在日据时期,父亲被邵氏公司派去管理余东旋街(Eu Tong Sen Street)皇宫戏院(大华戏院Majestic Theatre前身)。我们全家住进戏院二楼左侧的小房间。

天长节(日本人的大节日)到了。日军政府宣布市民可以开市做买卖。父亲在大世界游乐场开了一间百货商店,店名叫"百合",由母亲经营,每晚做生意。从好友陈其榜等人店中取货来卖,有内衣、香水、毛巾、床布。店前摆一个小摊子,卖香烟、水果、糖果,由八岁的我售卖,赚了一些钱,养活一家大小。后来父亲又和画家陈宗瑞合开一家古董字画店。

一九四五年,日本投降。日本钞票不能使用,全当作废纸,许多人都遭殃,一下子变成一无所有。

日本投降之前,父亲从一些好友处知道日军节节败退,英军已在反攻(他们偷听收音机的广播。日军若知道,会被砍头)。他便叫母亲偷偷收购一些从前殖民地政府发的新加坡钞票,所以和平后,没有陷入困境。

每晚当电影放映后,父亲请端蒙小学的英文老师杨抱冰老先生,到经理室后的一个小密室,教授英文及英语会话(门总要关上,因为若给日军知道,会被砍头)。我记得当时父亲学习的是《莎氏乐府》(Shakespears)和其他课文。可见父亲有远见,相信日军终有一天会被打败。他为自己将来的谋生技能，早做准备。正如他当年初到新加坡便勤学马来文、马来语，甚至爪夷文、《可兰经》。

（十四）和平后

一九四五年，和平后，父亲取出存在华侨银行的几千元，和朋友合股在老巴刹的罗敏申路（Robinson Road）开了一间贸易行，名字叫"国联"，买了一条很大的船，载货到印尼，再从印尼买货回来。走了两趟，就赚了二十六万元。第三次去印尼，因为没有正式进口证，不合法，船被海关扣押，货物被充公。赔人家货物，花了很多钱，亏了本，投资失败了。

邵家兄弟知道父亲的情况，叫父亲回去替他们工作，月薪六百元，职位是中文部经理。

父亲的工作范围，除了替公司到香港、台湾，以及日本、印尼去买卖影片，也为各间戏院排期放映电影，管理邵氏出版的电影宣传报《娱乐报》，还要审核邵氏在香港拍摄的电影剧本，审定更改导演名单及演员人选。电影拍摄完成后，要送到新加坡邵氏兄弟公司在罗敏申路（Robinson Road）公司内的小放映室，由父亲先审核，如有不合情理、不符合电影审核局的要求，或有抵触星马一带的宗教信仰、伦理道德者，一概把底片剪掉。有些时候，剪掉后接不上，或剪掉太多，更需重新拍摄。李翰祥导演曾对父亲不满，认为父亲老找他的麻烦。这是因为父亲多年来看剧本、电影无数，一看便知

父亲用"苏来曼"这个笔名为制片厂写了十六部马来电影的剧本。

道合不合情理，能不能通过星马电影审核局的批核。他了解市场的需要、观众的口味。他的建议，往往被东家所接受和尊重，在一些决定上，父亲有举足轻重的作用。

当然，他还是要替邵氏兄弟写信。

邵氏在马里士他路（Balestier Road）的惹兰安拔士路（Jalan Ampas）设立制作马来电影的制片厂后，在初期没有马来人会写电影剧本。邵氏兄弟知道父亲能掌握马来语、马来文，熟知马来文化及民情风俗习惯，因而叫父亲写一些剧本，以供拍摄。

父亲的剧本多数是按照从前爪哇、苏门答腊的民间故事改编而成。这是因为父亲曾读很多马来小说和传奇，知道南洋风俗习惯。他熟读《可兰经》，知道《可兰经》的宗教思想，马来人的伦理道德、民情习俗，所以他写的剧本和拍摄出的马来电影，很受观众欢迎。他写的剧本是华文，然后由他人翻译成英文剧本，再翻译成马来剧本。

他用"苏来曼"这个笔名为制片厂写了十六部马来电影的剧本，如《马来风云》、《蛇郎君》、*Ibu*（Ibu 马来语为母亲）等。最卖座是 *Ibu*，那是一部关于爱情、歌唱的文艺片。

初期因为没有人会当导演、制作技术人员，所以只能从香港制片厂把香港的导演、拍摄员工调过来。有时甚至导演是英国人、美国人、印度人，工作人员是香港华人，演员却是马来人，一同拍摄出马来影片。当然，通译、翻译人才是少不了的。

这个局面等到马来影星 P. Ramlee 出现后才改变。他是个奇才，相貌英俊，身材魁梧，会演、会唱、会跳舞、会写歌，也会做导演。

邵氏也派马来员工到香港学习拍摄技术，后来才有真正马来团队拍摄马来电影。

后来因为印尼的电影拍摄得很好，制作省钱，从印尼买进来的片子很便宜、更上算，邵氏公司于是慢慢减少制作马来影片。

五十年代，邵氏曾拍摄一些符合南洋风俗民情的华语片。多数是由父亲先写脚本，再由香港人编写成剧本而拍摄成影片。

（十五）人　格

父亲为人正直、清廉、守诺言、重情义、坚守君子之风。他一生光明磊落，从不做违背良心的事。对朋友，更是两肋插刀，义无反顾。他有一些生死之交的朋友，一辈子相知相惜，好像兄弟一般。因此，当我家有困难，都纷纷相助，真是患难见真情。

他的儒家思想很重，伦理道德的观念很强。一生中，本着"老吾老以及人之老，幼吾幼以及人之幼"的信念，扶穷携幼，做了很多善事。他向邵氏兄弟建议：办义学，岁末济贫，发放金钱、糖米面粉给老人。邵氏基金的设立，虽然不是父亲所建议，但亦与他有一定关系。这些善举，使邵氏机构声誉提高，受到社会人士的赞赏。

（十六）亦父亦师亦友

父亲用他的一生，树立风范让子女有所追随。他从不用言教而

1997年初，左起：大姐蔡亮、三弟蔡萱、二弟蔡澜和大弟蔡丹。
这是最后一张姐弟们合影，大弟蔡丹于1998年病逝。

用身教，使我们知道是非黑白，走向正道。

记忆中，只有一次大弟蔡丹在幼时犯错，父亲盛怒之下，痛打了他一番。平日父亲对我们和言善语，不曾打骂。别人家是严父慈母，我们家则是慈父严母。

长大后，我们和父亲没有代沟，常在晚上九时，和他围聚在大云石桌前，谈天说地，无所不谈。我们一面聊天，一面饮酒，吃花生米。有时他笑呵呵地看着我们四姐弟互相调侃、斗嘴、彼此作弄，喊着各人的外号，闹成一团。我的外号是"金目妮妮"，因为我的眼睛又大又炯炯有神；大弟叫"大肥侠"，因为他胖；二弟叫"长脚蜢"，因为他身高腿长；小弟叫"黄酸太子"，因肤色黄，长不大。

这些，都是我们的快乐时光！

（十七）写　作

父亲喜欢阅读，从事文艺工作多年。几乎每天都在阅读。到了晚年，还是手不释卷。

最早他是写旧诗。有一天，因为在马路上一面走一面推敲诗句中的两个字，差一点被货车撞倒。从此不敢写旧诗，因为太费神了。他开始写新诗，是当他到澳洲旅游，看见许多景色都是写诗的题材，引起了他写诗的兴致。

他的诗体裁虽然不是旧诗，但注意押韵，有平声也有仄声。用国语的音调，不用古音，所以他的诗有音乐节奏，很易诵及易记。

他喜欢旅游，写了很多旅游诗。他的一首诗如下："一领青衫破不缝，怜渠千里远相从；吾生饶有放翁癖，欲穷江湖千万峰。"

由于他常悲天悯人，所以常把事物当成人来写作，如下列的诗篇：《破鞋》《静思（序曲）》及《牵牛花》。

破 鞋

寒风虎虎地似刀似剑，
卡拉蛮冷得教人难成眠，
穿上了棉衣开门寻伙伴，
蓦地听到一只破鞋在廊下发呜咽，
我同情它失去情侣有个理由，
因为它的面上烫着一对儿飞燕翩翩。

我再蹲下石阶把它来个端详，
分明它是曾经配上了美女的足尖，
它可能踏过麦加的小石，
或参加了舞队在沙地争妍，
如今鞋面破了，鞋底亦穿了，
娘儿们便连看亦不看它一眼。

照理它还可以在床下听听人们的情话，
不至于被抛在杂沓的廊下让人家哀怜，

但人们就是这样的寡情薄义,
一路来板着迎新弃旧的脸,
人们哪会念着它相随千里历尽风霜,
我不禁对它来一声可怜见!

我的伙伴终于笑迷迷来到,
问我到底和谁在聊天,
我说我和一只破鞋在攀谈,
他却望望我的房子的窗帘,
我不管他在疑神疑鬼,
还是听听那只破鞋在廊下发呜咽!

静　思(序曲)

我们似一条藤上的苦瓜,
默默地开过了淡淡小花,
看骄阳摆着好大架子,
亦让轻佻的风姨乱刮。

因为要在这片土地生长,
便不能说到为寂寞所啮痛,
我们还得到一份矜持和沉静,

最少亦可望见朗月朦胧。

上帝指定我们制造苦味，
但我们自生了智慧和孤高，
心上亦敲着相同的音节，
配合了翡翠一般的美貌。

至上的恋情常常霉锈，
大地那无衰老的一天，
你还在怨艾着什么呢？
难道想到那青幽幽的烟。

牵牛花

不竭的江河，
无穷的天地，
时光的过客算得什么？
说不上是一个涟漪，
篱边的大轮朝颜笑了，
笑过客们的马不停蹄。

你可怜它命薄，

我独喜它忸怩，
难道必须终年吐艳，
才配得上白石花砌，
你能听到它的幽诉么，
怕的是狂人前来采摘。

芳春销歇，它便爬了起来，
不像你老是转徙流离，
即使不能长掇清香，
还能叫种子来一回休息，
苍苍天地，悠悠江河，
和它的开落一样神秘。

满望世间是个花园，
万物都能争娇斗丽，
让阳光射出了自由，
黑暗和寂寥不留痕迹，
一切都淡得如梦如烟，
那才是新鲜的世纪。

一九六五年四月八日

（注）日本人称牵牛花为朝颜。

在新加坡，父亲写的新诗《悼死去的一群》，是悼念他死去的一群好友，曾在南洋大学文学系的刊物上发表。后来这诗也在《星洲日报》刊出，得到很多人欣赏并在报章上评他的诗写得真好，很有味道、有节奏感，既然有人喜欢读他的诗，他便陆续写下去。

一九六三年出版诗集《十二城之旅》。

一九六七年出版第二本诗集《旅心》和《梦土》。

一九七〇年，由连士升发起及推动，成立了"新加坡作家协会"，父亲被推选为第一届、第二届主席，后来退下任顾问。

一九七七年，他写了叙事长诗《无色的虹》，叙述他自己和几位好友南来后的过程与遭遇，有浓厚的本土风味。

一九七八年凭《无色的虹》荣获新加坡文化奖。

一九八八年再凭《无色的虹》荣获东南亚文学奖。

（十八）退　休

一九七三年，父亲退休。邵氏兄弟公司请他进入董事会并兼任公司顾问。

退休后，他常和母亲到世界各国旅游或回中国潮州探亲，每年两次到香港二弟蔡澜家小住。

每天他看书、绘画、写书法、种花、种盆栽、修剪花枝，和朋友喝咖啡、喝茶、谈天说地，乐在其中。

每日清晨，他把自己的庭院扫清后，也把居所前的小路 Meyer

退休后,父母亲常结伴到世界各地旅游,合影于成都鹿场。

Road 清扫一遍,当做运动。邻居们称他为"斯文扫地"或"扫地斯文"。

一九九五年一月六日,父亲在九十一岁生日那天因患上肺炎去世。临终时,儿女在侧,哭跪恭送父亲到西方极乐土。

迟来的荣耀　我的父亲蔡文玄（柳北岸）
——马来语电影的开荒牛

清明时节，当我和家人去祭拜父母亲和丹弟时，萱弟告知二事。其一，新加坡政府为赞誉父亲对国家艺术及文化遗产所做的贡献，于今年（二〇一五年）四月六日特颁奖牌一面，内刻文字如下：

> 兹赞誉蔡文玄（柳北岸）（一九〇五至一九九五）对新加坡艺术及文化遗产所做之先驱贡献。

其二，由于父亲对我国（新加坡）马来语电影的贡献，特选出父亲以"苏来曼"为笔名所写的剧本，拍制成马来语电影片，将在今年（二〇一五年）六月在国家图书馆放映，向他致敬。

这两件事，勾起我的回忆。

前者，父亲是我国著名诗人，曾获我国文化奖及东南亚文学奖。

新加坡政府为赞誉父亲对国家艺术及文化遗产所做的贡献,于 2015 年 4 月 6 日特颁奖牌一面。

这方面的事迹，在我和澜弟、萱弟合著的《蔡澜家族》一书，已有详细记载。但父亲与马来语电影事业的渊源，鲜为人知。

五十年代，父亲担任邵氏公司中文部经理。其时，邵氏机构已在香港拍摄华语片及粤语片。

在那个年代，虽然有英语片、华语片、粤语片，甚至闽语片，但没有马来语片，只有少数从印尼买来的印尼语电影。

父亲认为新加坡和马来亚的马来人众多，应该有马来语电影的制作。既然邵氏公司在香港有自己的拍摄厂，技术、拍摄器材和工作人员皆已具备，拍摄马来语电影片应该是轻而易举之事。

他向三老板（邵仁枚）和六老板（邵逸夫）建议，在新加坡开拍马来语电影。这意见得到东家的赞赏及支持，委任他全权处理此事。

父亲一生好学。在中国时博览古文名篇及诗词佳作，文学根底深厚。到了马来亚和新加坡，他不但学习英文，也学习马来文，甚至会书写爪哇文字。他阅读很多马来文书籍，熟知马来民族历史、文化、传统、习俗及民间神话和传说。

那时，马来人之中没有人会写剧本。父亲只好用"苏来曼"的笔名写了许多剧本，再请人翻译成马来文，甚至英文（有时导演为英国人或美国人）。

马来语影片放映后，大为卖座，甚受欢迎。片子卖到马来亚、印尼，甚至其他伊斯兰教国家。

父亲常常要到设在芽笼（Geylang）的制片厂和导演、演员讨

父亲蔡文玄于1988年在泰国曼谷领取"东南亚文学奖"。
父亲(左)在宴会上与名作家韩素音(右)合影。

论剧本和拍摄过程。

自我年幼,便伴随父亲到处去。这是因为我很懂事、文静、乖巧。因此,我有幸目睹一些过程。

初期,演员从马来歌舞团中选出,拍摄的技术工作人员是从香港邵氏片厂调过来的华人。后来,派马来人到香港学习,才有马来人挑大梁的制作团队。导演的组合更奇怪。早期是香港华人导演(有的说华语,有的说广东话),有时甚至是英国人、美国人。剧本要从中文翻译为马来文、英文。当然,翻译和通译人员是不能缺少的一环。

这个局面等到马来男明星(P. Ramlee)的出现才改观。

P. Ramlee相貌英俊,体格壮硕。此人聪明绝顶,又有艺术细胞。他会演、会唱、会跳舞、会作曲写歌。后期,也学会写剧本、当导演。

后来,慢慢地也有其他马来人会写剧本、当导演。加上先前的马来人拍摄制作团队,才有真正由马来人制作的马来语影片。

不过,父亲这头开荒牛,为马来语电影作开端的事迹,不容忽视。

我国马来同胞,不知马来电影的始创者,竟是一名华族同胞——蔡文玄(柳北岸、苏来曼)。

如今,国家赞誉他对马来语电影事业的先驱贡献,向他致敬。虽然是迟了二十年(父亲于一九九五年一月六日病逝),但这迟来的荣耀,也足以告慰父亲在天之灵。

我的父亲蔡文玄（柳北岸）

——和邵氏机构慈善事业的关联

我的父亲在广东省潮安市金山中学师训班毕业，是一名合格教师。他在汕头市教过三年书。

南来后，曾在马来亚大笨珍大同小学任校长职位。一九三九年至一九七三年为邵氏公司中文部经理。

父亲是一位道德观念很深的君子。在中国，有钱有能力的人，往往建桥造路，济贫施粥，做些善事，为自己为后代积些阴德。这种乐善好施的精神，大大影响父亲，使父亲关心社会有需要的人。他不辞劳苦，尽自己之所能，勇于为善。

一九四五年，和平后，新加坡很多小孩，因家贫付不起学费，没法上学，整日嬉戏流浪街头。

父亲深知教育对孩子们的重要，为这些失学的孩子惋惜。他向邵氏电影公司的两位东家——三老板邵仁枚和六老板邵逸夫建议：日间在邵氏属下的大世界游乐场（今大世界城 Great World City），在金声路（Kim Seng Road）开办义学，免费招收儿童入学，使他们有机会接受教育，当做些善事。东家接受了他的建议，委任他全权处理。

于是，他聘请教师，拟订课程，准备开学。

当时，大世界游乐场是一个著名的游乐中心。在晚间，灯红酒绿，人潮拥挤，是非常热闹的花花世界。里面有跳舞厅、戏院、歌台、剧场、杂技院、拳击摔跤场地，很多各式各样的商店，还有碰碰车、鬼车等设备。在白天，则寂静得不见人迹。

义学开办后，大世界游乐场在白天也热闹起来了。学生越来越多，规模越来越大。

父亲命人制作了许多有轮子的黑板。夜间收藏起来，白天推出以便教学。

于是，戏院、剧场、歌台、拳击摔跤台面、杂技院变成教室、美术室、音乐室。舞台、跳舞厅的舞池及碰碰车场地成为体育室、礼堂及唱游室。孩子们在教师的带领下，根据时间表，排队轮流到各个学习场所上课。各方面井井有条，非常顺利。

父亲身为督学，兴致勃勃。因为他觉得他在做一些帮助他人且有意义的事。

二弟蔡澜年幼，未到入学年龄。父亲安排他入读义学的幼儿班。他天天也跟着其他儿童排队到各课室上课。

好景不长。两年后，因教师中有些是左倾分子，被殖民地政府

父亲（左一）发放岁末救济金和米粮给老人。

捉拿，立即遣返回中国。义学被下令关闭。邵氏公司接到当局的警告信。因此事，父亲被东家严词责问，闷闷不乐了好久，也为义学的关闭感到痛心。

五十年代，新加坡有许多老人无依无靠，生活困苦。父亲同情他们，想为他们做些事。

他向两位老板建议：在每年年底，派发金钱及米粮给这些老人家。他的建议被东家接受，委他主理此事。

我记得每年派发救济老人的活动在举行之前，母亲、我和奶妈三人，每日都要到合洛路（Havelock Road）的新加坡河边仓库（如今尚在），在闷热和充满树胶胶片的臭酸味中，汗流浃背，把两斤白米、一斤面粉、一斤白糖，分别称重后装入袋中。一包一包扎紧后，分别安放，准备分发给老人。这一份义务工作要四天才能完成。我们为这些老人家尽些力，做点善事。

这项岁末济贫的善举，延续至今。父亲退休后，由大弟蔡丹主理此事。

至于邵氏机构的邵氏基金的成立，虽然不是父亲所建议，据我所知，此事的起因亦和父亲有所关联。

邵氏机构发展很快，公司的规模越来越大，业务不只限于电影事业，员工也越来越多。后来聘请多位英、美籍员工。有些年轻职员，得到东家赏识，高升后领取高薪。

母亲对此事不满，调侃父亲说："你虽说是邵家第一位员工，如今竟沦为第三等奴才，薪水待遇，处处不如人。你不肯收贿赂，

2001年1月21日《联合早报》报道,派发度岁金已经成了邵氏机构的传统。在上世纪六七十年代,由邵氏机构邵维明(右一)和蔡丹(右二)派发米粮和日用品好让贫困老人过一个好年。(见报纸上方图片)

家人只能勤俭过活。"

父亲回答："我一生勤勤恳恳认真工作，不做坏事，好事多做。如今四个儿女个个成材。环顾其他同事，有哪一家的儿女能比得上我们？这是老天爷的恩赐。我心满意足，再没他求！"

"老吾老以及人之老，幼吾幼以及人之幼。"

父亲做到了。

我的父亲蔡文玄（柳北岸）

——与电影事业的渊源

一九二七年，父亲从中国广东省汕头市南来。起初在马来亚大笨珍大同小学做校长。两年后，到新加坡和友人合开广告社，为人绘制招牌、广告、布幅及日历等宣传品。

因为得到邵仁枚和邵逸夫兄弟创办的海星电影公司（邵氏兄弟有限公司 Shaw Brothers Pte Co., Ltd 的前身）赏识，而受聘为公司的第一位（亦是唯一的一位）职员。

白天处理文书账目，绘制电影广告布幅及宣传品，乃至扫地、抹桌、倒茶等杂务也都一脚踢。晚上到邵氏属下在美芝路（Beach Road）的华英戏院（Empire Theatre，后称曼舞罗戏院），卖票兼带位。

深夜，则在公司的后院，打开帆布床睡觉。

后来，邵氏公司发展迅速，办事人员不断增加。一九三九年，第二次世界大战爆发时，父亲已是中文部经理兼邵氏两兄弟的私人

1942年,邵氏公司派出父亲担任大华戏院经理。

中文秘书。

一九四二年，日军占领新加坡。起初，父亲由邵氏公司派出担任大华戏院（今珍珠坊隔邻，在余东旋街 Eu Tong Sen Street）经理，我们全家住进戏院二楼左侧的小房间。

不久，日军接管戏院，不准工作人员辞职，父亲只好做下去。为了工作上的需要，勤读日文，学习日语。

其时，有些戏院经理，胆大包天，在每日戏院收入账目上做手脚，因而致富，过着奢华的生活。

父亲为人正直，不愿做非法之事。即使在乱世，仍坚持君子之风。每日清晨，他用大袋子将前一日戏院的收入，一五一十如数到日军的军部缴清。

后来，日钞越来越贬值，他的薪水不足以养活一家人。他不愿贪污又不能辞职，家中陷入困境。

这时，母亲咬紧牙关，在父亲友人陈其榜资助下夜间在大世界游乐场内开一爿小百货公司，名为"百合"。日间则替他人为中介，买卖金饰珠宝或其他货物，到处奔跑。此外，每日在家中用甘草糖精制作甘草芒果、甘草芭乐，再切一些其它水果，夜间由八岁的我在店前摆摊贩卖。这样补贴了家用，家人才能温饱。

每天清晨三点，母亲带着我到登婆街（Temple Street）摸黑去买入黑市货品，到夜间放在店里售卖。此举很危险，若被日军捉到，生命不保。由于长期在雾气中受到风寒，她患上严重哮喘病。日军投降后，十年间一直卧病在床。虽然寻遍名医，吃遍民间偏方，都

父亲(左二)与导演张彻(右二)及男明星姜大卫(右一)合影。

不能治愈。照顾两名幼弟的责任，便落在我身上。

和平后，从一九四五年到一九七三年，父亲继续担任邵氏公司中文部经理及邵家两位老板的中文秘书。他的职务，除了到香港、台湾及日本买入华语片、日语片，为戏院安排电影的放映日期，还要审核香港邵氏制片厂制作的电影剧本，批核演员及导演名单，提出意见并修改。影片拍摄完成后，毛拷贝（Raw Copy）先送到新加坡，晚间在罗敏申路（Robinson Road）公司内的小电影院放映。此时，父亲需要审核、修剪菲林（Film）胶片，以便能顺利送到香港、台湾及新加坡的电影审核局批审。有时有些片段有问题，甚至需要重新拍摄。

我和三位弟弟每次趁机跟随父亲观看了许多电影，增进了对电影艺术的认识。

大弟蔡丹在南洋大学毕业后，进入邵氏公司，在父亲的手下学习。父亲退休后，他接任中文部经理职位。

二弟蔡澜在日本修读电影系时，已兼职为邵氏公司在日本的业务代表，负责邵氏公司在日本的一切事宜。毕业后，到香港邵氏制片厂担任制片经理，也为李翰祥、成龙和洪金宝的影片监制，后来到嘉禾电影公司担任制作总监及副总裁。

三弟蔡萱在南洋大学毕业后，由二弟蔡澜资助到日本研读电影及电视制作。回国后，到新加坡电视台担任高级监制。

我虽服务教育界，但深知视听教学及艺术对学生的影响。升任南洋女中校长后，极力发展视听教学，开发美术、音乐、舞蹈及电脑课程，设立视听教学中心及学生视听自习中心，鼓励教师自制视听教学材料，配合课程。我也尽力推动各种文艺演出及美术展览。

父亲在一九七三年退休后，邵氏公司请他进入董事会，为公司提供咨询服务及提呈意见。多年后，才请辞。

他的一生，为电影艺术辛劳，影响了儿女从事这方面的发展。

大弟蔡丹的儿子蔡宁，到美国加利福尼亚大学研读电影制作。如今在索尼（SONY）属下的公司，在美国从事电影后期制作工作。父亲的第三代，也在延续蔡家在影艺这方面的努力。

我的父亲蔡文玄（柳北岸）

——仗义行侠记

日本统治新加坡时期，父亲是余东旋街（Eu Tong Sen Street）大华戏院经理。每日早上要到日军有关部门缴交前一日的卖票收入。他必须走过美芝路（Beach Road）的一条小巷。

这条小巷是一些商店和小旅馆的后门所在。在一间小旅馆后门的石阶，每天有一个四岁小男孩坐在那里。他有一双很有神的大眼睛，聪明可爱，名叫峇咪（Babi）。父亲疼爱他，常逗他玩。

经过打听，才知道峇咪的母亲早死，家贫。父亲带他来新加坡投靠亲戚不遂，自己竟患急症在旅馆死去。峇咪年幼，说不出自家及亲友的地址，无法归去。他不敢离开旅馆，因为这是父亲和亲人最后联络的地址，他盼亲人会寻找他。旅馆的人可怜他，每日将员工吃剩的饭菜给他吃，夜间让他睡在店里的地板。

父亲怜惜他年幼无依无靠。在乱世中如何能活下去？父亲把丹弟的旧衣给他穿，拿旧被给他盖以免睡在冰冷的地上受寒。每日早餐，瞒着母亲，偷偷包些番薯或糕饼带给岑咪吃，常常给他一些零用钱。后来，他想把岑咪接回家，收他为养子，遭到母亲极力反对。母亲认为在乱世中，养活我们姐弟三人（蔡萱还未出世）已不容易，哪有余力做"傻事"。

三年中，在父亲的照顾接济下，岑咪生存下来。和平后，他的舅舅寻找到他，带他回马来亚。

日治时期，很多人生活非常困苦，尤其是一向靠祖业过活的二世祖。家产被日军全部没收，家中可变卖的东西都卖完了，坐吃山空。他们无一技之长，又无缚鸡之力，无以为生，活不下去。

每日清晨，都见有人推着木轮车，到处收殓死在街边苍白浮肿饿死或病死的尸体。那些围绕着尸体的金头大苍蝇，那些尸水的臭酸腥味，常在我的梦魇中出现，令我惊醒发抖。

每隔数日，便有人从隔邻的南天大酒店（楼高六层，是当时新加坡最高的建筑物，现今裕华百货公司所在地）跳下自杀。那奶白色好像豆花的脑髓四处溅出，那扭曲的四肢，那压扁变形的脸庞，历历在目。

父亲有些朋友，常向父亲借钱过活。父亲总设法给钱，帮助他们，从不追讨。有些人借太多钱，不好意思，用报纸包卷家中的字画，送给父亲，以表谢意。我们家中的藏画，大部分是这么得来的。

和平后，父亲担任邵氏公司中文部经理。工作范围包括安排台湾、香港的明星、歌星到戏院随电影片登台歌唱。他很同情这些在人海中挣扎，为自己、为家人讨生活的弱女子，他尽力帮助她们。

有一位从香港来的歌星，姑且名之杨音音，来见父亲。她说有一位印尼王子爱上她，要娶她为王妃。她以为嫁入皇族，可以享受荣华富贵，非常高兴。在她要去印尼之前，把一袋金钱及珠宝、首饰，托交父亲保管。

父亲把这袋东西交给我，叫我列出一张清单。我发现其中有一条金链，系着一个金属小盒子，里面有一张相片，是杨音音和一名男子及两名幼儿的全家照。我拿给父亲看，他嘱咐我不得和他人提及此事。

后来，听说杨音音嫁后陷入困境。丈夫已有三名妻妾，众多儿女。虽然确是王子，但因血统较远，得不到政府太多生活津贴，因此生活只是一般。加上语言不通，饮食习惯不一样，又被其他妻妾排斥。她上当了，她后悔了，她想离开。尽管大吵大闹，或是苦苦哀求，王子都不肯让她离去。当时，没有伊斯兰教法庭，伊斯兰教国家的妇女，如果丈夫不同意，不能离婚。

一日，王室晚宴，进行到一半，杨音音突然假装疯病发作，披头散发，扯开胸襟，大喊大叫追着丈夫拳打脚踢，会场一时大乱。过后不断挣扎地被几个保安人员抬走，送回家中。这事丢尽丈夫的颜面，只好和她离婚。为了惩罚她，把她打了一顿。除了一身衣服，什么都不准带，把她赶出家门。

她狼狈不堪设法回到新加坡，向父亲哭诉。父亲安顿她后，买了回香港的飞机票给她，还她代为保管的金钱和首饰，并送她一些

父亲（右）与香港女明星李香君（中）及马来西亚女明星（左）合影。

钱作为路费。

当时,有一位从香港来的女作家金子,在一间杂志社工作。父亲想请她写一些有本地色彩的剧本,以供拍摄电影。

她和哥哥、嫂嫂以及三名年幼侄儿侄女同住。每次到她家,哥嫂打个招呼便不见人影。三个小孩躲躲闪闪,探头探脑,家中气氛神神秘秘。

我和她的侄女小玲,年龄相近。去她家次数多了,便和小玲嬉戏玩耍。一日,小玲在我耳边悄悄地说:"那不是姑姑,是妈妈!"

回家后,我告诉父亲。父亲说:"别人家的事,不可过问。"后来,我听到他和母亲说:"我也有些纳闷。那哥哥高头大马,讲的是北方人腔调,肯定是东北汉子。金子个子娇小,口操南方苏杭腔调。相貌、体格、口音都不像兄妹。"

一日,父亲接到金子的电话,带了钱,和我匆匆到巴西立(Pasir Ris)海边一所旅馆。

金子一见父亲,便号啕大哭,把实情相告。原来所谓哥哥,是她的丈夫。一家人从内地到香港,一贫如洗。丈夫是个文人,在香港找不到工作,眼见一家人快饿死了。金子向丈夫提出建议,由她出去寻找工作。今后他不能干预她的生活。虽然住在一起,但断绝夫妻关系,以兄妹相称。她准丈夫另娶一妻,照顾他们三名年幼子女。

此后,她拿着丈夫所写的文章,说是她的作品,到报社、杂志社、出版社寻找工作。她貌美、性感,交际手腕高,又肯以性做交易,很快就出了名,并在杂志社工作。

著名女星白光,曾常来我们家中做客。

每日，她把工作带回家，由哥哥编辑写作，隔天再带回办公室。到了新加坡，也是如此这般。

这时，有一位极负盛誉的旅美姓李学者，来到新加坡。她设法与他结交，请他设法帮她与家人移民美国。他一口答应，条件是她要在旅馆陪伴他三个星期。

一日，这人不见了，打听后知道他已经不告而别，回美国了。留下三个星期的旅馆吃住费用不还。旅馆要她还钱，扣住她的护照，又叫人看守她，不准离去。

父亲替她还了这一大笔欠下的旅馆费用，送她回家。据我所知，金子一分钱也没还！

想不到最令父亲气恼的竟是大名鼎鼎的明星白光。

白光来新加坡登台唱歌，遇到一些麻烦事情，父亲帮她解决摆平。她常来我家做客进餐，和父亲谈天说地。

一日，父亲从香港回来，气冲冲对我说，他在香港渡轮上见到白光，上前打招呼，哪知白光瞪着他，随即转头看海，不加理睬。她翻脸无情。整个渡轮上的人都看着父亲，令他无地自容。

我说："演艺圈内的人，真真假假。不是每个都真心和你做朋友。白光在新加坡时你为她排忧解难，如今她回到香港，你再也没有利用价值。认你干吗？你不是常教导我们：朋友、亲人有难，一定要尽能力帮忙。帮了人，借了钱，就算了。不可记在心上。这叫'施恩不图报'。你现在又何必气恼？"

父亲听了呵呵地笑，不再气恼！

逝去的岁月

（一）出　生

我于一九三四年五月十四日，在中国广东省汕头市第五小学教员宿舍出生。那晚月亮明亮，我的哭声非常洪亮，父亲命名为"亮"。母亲当年是女权主义者，父亲思想开明。生我之前，两人已有约定：生男姓"蔡"，生女随母姓"洪"。因此，在六岁之前，我的姓名是"洪亮"，上小学一年级时，被同学取笑，才把姓名改回为"蔡亮"。

（二）到达新加坡

一九三八年，日本在占领东三省、霸占北京后，攻打上海。中国局势不安。我随母亲和大弟蔡丹、奶妈廖蜜，坐船到新加坡和父

蔡亮于 48 岁时拍的照片。

亲会合。

我记忆的开始是到新加坡后，一家人住在丝丝街（Cecil Street）一家广告社"赤马"的楼上。那房间很热，整晚有街上车辆的车灯直射入房，让人睡不安宁。

（三）童　年

半年后，母亲得友人介绍，到巴西立（Pasir Ris）十条石的新民小学当校长。全家人跟着母亲入住教员宿舍。父亲在罗敏申路（Robinson Road）的爱德华公寓租房居住。

父亲每逢星期六下午乘搭巴士来探望我们。星期日下午乘搭巴士回去。我喜欢缠着父亲讲故事，要他绘画，用中国药丸外壳的蜡，搓成小蛇、小壁虎、小鸟、小鱼。我佩服父亲的美术天分，画什么像什么。捏几下便能捏出姿态美妙的小动物。有时父亲让我伏在他的双腿上，叫我张开双臂。他左右摆动双腿，说："坐飞机了，坐飞机了。"我便哈哈哈大笑。

清晨，父亲带我们去采竹叶顶端的嫩心，回来冲热水当茶喝。那清香的味道，仍然清晰印在我的脑海里。有时父母带我们去白沙海滩，我们姐弟二人迎风奔跑，嬉水游泳。我喜欢收集沙滩上各种形状和颜色的贝壳，或抓来不及钻入小洞的小螃蟹。

放学后，我和大弟蔡丹，在大孩子的带领下，涉水去采亚答仔或爬上小山去采野果、峇啫喱（Buah Cherry）。我们采下一些鲜花，往茎部一吸，可吸到很甜的汁。小溪中色彩缤纷的打架鱼，灌木中会打架的蜘蛛都被我们捉来饲养，看着它们打架。

最怕是在椰树下被成群大只的红蚂蚁咬上，疼痒难忍。有时去农家篱笆下，寻找母鸡刚产下热烘烘的蛋，打破一个小洞，吮吸入喉。有时去看邻居用残羹加上切碎的浮萍，在大铁镬中不停搅拌煮成猪菜，拿去喂猪。猪儿一见食物来了，挤前抢食。母猪躺下让小猪吸奶，小猪相挤互堆的景象，我也看得津津有味。

有时母亲带我下坡去见父亲兼买些物品。我们坐上村里小伙子载沙的罗厘（Lorry，即货车）司机旁的座位，好不威风！

马来人每逢佳节或婚宴，皆会请歌舞团来表演。表演者随着音乐载歌载舞。有时男女故意用臀部相撞或以歌声、动作挑逗对方，使我们大笑不已。那是我的快乐童年时光！

（四）上　学

我的小学是随着租来的居所而定。每当搬一次家，便要换一间学校。这是因为当时要靠步行到学校。战前我读过星洲幼稚园、新民小学。日据时期念养正小学，战后读崇福小学，最后在工商小学毕业。每次都是我自己找学校和自己去报名就读。

一九四二年，日本占领新加坡，新加坡沦为日本殖民地。在学校中，我们要唱日本国歌，学日语，读日文课本。读了一年，父亲认为是奴化教育，叫我和大弟停学，在家中由父亲好友谢倬荣先生教导华文及数学。

（五）住在电影院的生活

当时父亲被邵氏公司派去管理在余东旋街（Eu Tong Sen Street）的大华戏院。日军接管后，不许辞职，父亲只好做下去。当时的影片，除了日本宣传片外，便是拿旧的电影重映又重映。一部粤语片，一天要放映三轮。我们住在戏院左侧的小房间，一天到晚看同一部影片。吃饭时端了饭碗，夹一些菜，便坐在楼上包厢席一边吃一边看。每句对白、每首歌曲都能背诵如流。因此，我们的广东话都说得非常流利。

每天早上，没有播放电影的戏院就是我们姐弟的游戏场地。我们捉迷藏、乱喊乱跑乱跳。有时到观众席间寻宝，看看有没有观众遗留了物件。

有一天，大弟蔡丹找到一个长形的气球。他拿着吹呀吹，怎么吹也不涨。他拿来问我，我也不懂，结果去找父亲问。父亲一看，叫大弟赶快丢掉——原来那是男用的避孕套！

一次，一位亲戚来探望，送了一只鸡来。我们舍不得杀，便用绳子绑住鸡的一只脚，另一头拴在餐桌脚上。每天我和大弟都去戏院观众席间捉蟑螂，一只一只放入玻璃瓶中，比赛看谁抓得多。回家后，把一只一只蟑螂倒出给鸡吃，把鸡养得肥肥胖胖。

过年了，母亲把鸡杀了蒸熟放在餐桌上。这鸡因为每天吃蟑螂，整身都是黄澄澄的油，家人吃得津津有味。我和大弟望着鸡，吃不下，眼泪不停流下。那可是我们心爱的鸡呀！

那段时期，我看了很多书。

每天早上，我向母亲讨一元去旧书摊租书，看完了，再拿一元去租另一本书。我看书的速度越来越快，每天可以看完厚厚的一本书。到了战后，我的华文程度已超越同辈人。

后来，日币贬值。父亲的薪水不够维持一家六口的生活。他不能辞职，又不肯贪污做假账，每分钱如实缴上给日军。家中陷入困境，反观同样的戏院经理，过的却是豪华奢侈的生活。

父亲经好友陈其榜建议和资助，夜间在大世界游乐场开了一间百货商店，店名为"百合"，由母亲经营，八岁的我，则在店前摆摊卖香烟、糖果和水果，以补贴家用。

每晚游乐场停业后，我和母亲坐上由木炭炉燃烧发电的汽车（那时买不到汽油），回到家中，已超过半夜十二点。清晨三点，我陪着母亲在浓浓雾气中，冒险步行到登婆街（Temple Street），在黑暗中买走私货回店里售卖（不能有灯光，怕日本兵察觉）。这样的生活过了三年零八个月，到了和平时期，母亲竟患上严重的哮喘病，久医不愈，十年卧床不起。

（六）少年时期

这十年间，我需要姐兼母职，照顾两个幼弟二弟蔡澜、三弟蔡萱的生活起居。一匙一匙喂他们吃饭,拍他们入睡。长大后,他们和我很亲近。

记得有一次我需要外出,蔡萱不肯入睡,怕我跑掉。一直啼哭捉住我的手不放。我心生一计,用一条绳子,一端绑住我的左手,一端给蔡萱拿在手中。我说:"你看!姐姐跑不掉了。"我唱催眠曲,拍着他,哄他入睡。等他睡了,我赶紧脱去绳子,跑掉了。

和平后,父亲重回邵氏公司工作,我们住进在大世界游乐场内靠近锡安路(Zion Road)的职员宿舍。那是由一排排闲置着、用木板搭成的商店改装而成的。隔着一条小溪,用沙厘(铁板)围成一个小天地。中间是邵氏的广告部,四周的店屋改成职员宿舍。

小天地有两个出口。一个出口是由小门出去锡安路(Zion Road)。另一个出口是经由小溪上的小木桥,直接进入大世界游乐场。

那小溪给了我们很多乐趣,水浅时我们涉水而走,玩水战,捉生仔鱼、小螺、小蝌蚪,并把它们养在大玻璃缸中。一只生仔鱼一下子生出那么多的小鱼,真稀奇。我们看小螺爬行,想象自己也背上沉重的外壳在爬行。观察小蝌蚪长大、脱掉尾巴,跳出缸外。喜悦之情,油然而生。

夜间的大世界游乐场是个花花世界。人潮拥挤,灯光辉煌,形形色色,热闹极了。游乐场内除了很多商店,还有舞厅、电影院、歌台、剧院、杂技院、碰碰车、鬼车、赌场、摔跤拳击场。好一个夜的世界!

白昼的大世界游乐场又是另一番景象。歌舞团在练习新歌、排练舞蹈；京剧团员在吊嗓子、打北派武功；杂技团在练杂技或空中飞人；魔术师在练变化手法；话剧团、歌仔团在排练话剧或唱歌仔曲、走台位；潮剧团一队一队年纪五六岁的小女孩，排队吃东西、练帮腔歌曲。最好笑是摔跤。原来身材很高大的摔跤师如著名的 King Kong，白天和对手比划，设计我怎么推你、你怎么摔倒我。拳来脚往，每一招都是事先排练出来，骗得观众心惊胆跳。

星期天，广告部没开工，新加坡的名画家如刘抗、钟泗滨、陈宗瑞、吴在炎等人在画室中，请模特儿或排摆实物作画。

（七）在南洋女中就读

小学毕业后，我投考南洋女中、中正分校、南侨女中，全部获得录取。虽然中正分校、南侨女中离我家很近，但我决定去南洋女中就读，因为那是我心仪的学校。

每天早上六点，我乘搭第一趟巴士从金声路（Kim Seng Road）到竹脚（Kadang Kerbau），转巴士到布莱德路（Braddell Road），再转巴士到肯士路（King's Road），到达武吉知马（Bukit Timah Road）五英里，才能在七时十五分到校。若是坐校车，则需在清晨五时三十分在雾色苍茫中等校车，在拥挤的车中颠簸一个半小时才到校，因为晕车，常要呕吐。

在校中，我的华文程度远超同学，美术、音乐科得分很高。但是，英文不行。我得费很大的努力和时间，才能把 aeroplane 和

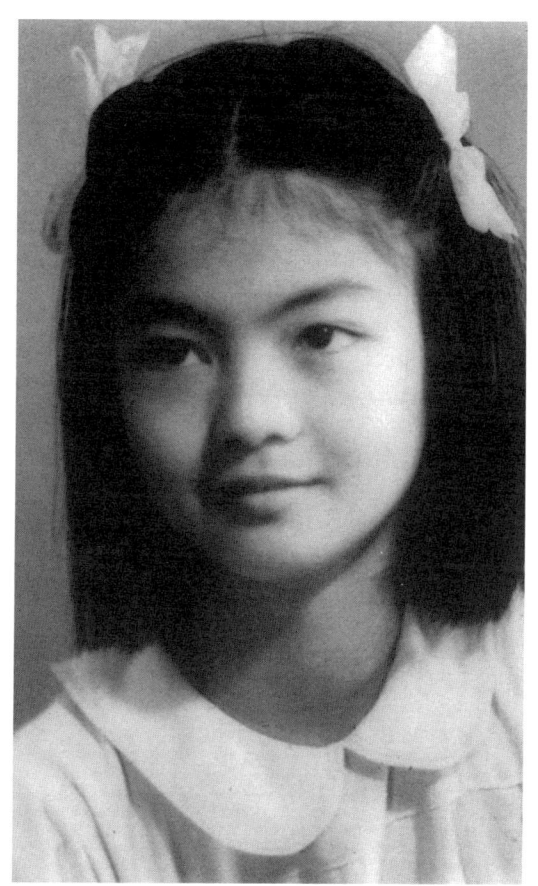

小学毕业后,蔡亮升读南洋女中。

chrysanthemum这两个字死死记住。数学很差，常不及格。这是因为基因不好。

那时英文老师总是看着课文念一句英文，翻译成一句华文。这就是他们的英文教学法。把一本英文文法书的练习从头做到尾，还是不懂英文文法。每天要死记、死背英文字或篇章，太困难了。

升到中二，郑延益老师教我们英文。他抛开课本，一开始有系统地教授英文拼音法和会话。先掌握过去式（Past Tense）的句子，再逐个把其他形式的句子搞清楚。我这才明白，英文该怎样学习。

在中三，黄碧珠老师教几何。她从不带课本进入课室。她用简易的教法，熟练地在黑板上画图、解题，使我们明白课文的内容，对数学产生兴趣和自信，自发地勤奋学习。

从此，我的英文和数学成绩突飞猛进。会考时，数学居然考到优等。

我永远感激这两位老师。他们使我明了好老师对学生的影响力量。他们能使学生茅塞顿开，使朽木能雕。甚至对本来很弱、很不喜欢的科目产生学习兴趣而自发地去学习。

后来，我成为教师，尽量使用活泼生动的教学方式。讲解时用浅白、理性的方法；对于很难记忆的地名、年份，应用联想法。我采集标本、参考资料，自己制作教具，使用板图，受到学生的欢迎。

做了校长，更明白好老师得来不易。他们是学校、学生的宝。我对他们格外尊重、礼待，在职权范围内照顾他们、体谅他们，使他们觉得校方、同事、学生之间皆有温情，从而产生感情。我竭力使他们有归属感，希望他们能长期在校服务。

（八）学习英文

我永远记得在中二时，有一晚父亲拿了家中水火单，叫我解释开支。我看来看去看不懂。父亲说了一句话："你学习英文八年了，居然连水火单都看不懂！"

这句话如同当头一棒！一来说明我的英文程度差，二来是校中所学的英文课文、英文文法都是死的东西，和现实不搭钩！根本不能用！

我立志把英文学好！

起初我去上夜校补习英文，但觉得和学校所学的一样，没多大帮助。

中二下学期开始，每天放学后，从大世界游乐场金声路（Kim Seng Road）骑脚踏车（自行车）到里峇峇利路（River Valley Road）一间私人办学的英校就读。在那里我和马来族、印度族同学一起上课，融入一个学英文、讲英语的环境，做个英校生。

我们的英文老师是 Mr.Krisnan，他是国大学生。因经济困难，暂停学业出来工作，准备储蓄够钱再回大学。他年轻有热诚，很认真、很努力教导我们。他使我明白：英文可以活学活用，不用死背硬记。虽然每天骑脚踏车爬上山坡路，汗流浃背，累得要死，但我却甘之如饴。因为，我受益不浅！

（九）学　潮

一九五一年，在初中三年级时，新加坡学校闹起学潮。有些思想左倾的学生，反对殖民地政府而罢课。他们参加游行、支持工潮。学校虽然每天开放，老师照常到校报到，但课室内没有学生，只能停课。

我不喜欢政治，也不愿参加学生运动，因此，我被冠上"反动分子""政府走狗""CID（政治部）的人"等标签。班上思想激烈的同学孤立我、排挤我、冷言冷语讽刺我，甚至设计诬陷我，使我痛苦非常。这真是冤枉！其实我什么都不是，我只是一个想学习的学生。事实证明，后来才知道，真正CID的人、真正的走狗，有些是在众人面前高喊口号、领导群众的人！我到现在还是痛恨这些迫害人们的人。他们心胸狭窄，容不下和他们不同思想的人。顺我者昌，逆我者亡。每个人应该有独立思想、行动自由的权利！

我很庆幸班上有些同学相信我、了解我、维护我。我们互相扶持、激励，真是患难见真情！这份情谊，维持至今已有六十六年。我们像姐妹一样，虽然不常见面，但一旦聚在一起，则无所不谈。我们相亲相爱，难能可贵。

这期间，我每天照常去学校。既然没课可上，我就往图书馆钻，去阅读各种书报杂志。日子久了，图书馆所有的中文书籍都看完了，只好看英文书籍。从浅到深，遇到不会的字句，如果猜得出意思就跳过去；如果猜不出意思，看不懂则抄下，有空时去查字典。奇怪的是：看不懂的字句，如果再三遇见，不懂的也会忽然懂了。这激励了我，使我对学习英文更有信心。

一九五一年六月五日，南洋女中被政府封了，只好关闭。殖民地政府教育局以"南中被利用为政治宣传，妨碍殖民地之利益"为理由，宣布为非法团体。一直到八月十一日才宣布撤销"非法案"，准予有条件开课。宿舍则被勒令停办。

开学前，所有学生重新登记学籍。闹事的左倾学生皆被开除。有些家境富有的学生，改名换姓，借人事关系，转校到中正中学等继续求学。有的没办法，从此失学，其中不乏天资高、聪明的学生，当时只是跟着闹闹而已，竟不能升学，实在令人惋惜。

十月十六日，南洋女中校长刘韵仙女士，在早上八时步行赴校办公途中，在校门外近篮球场处，突遭歹徒淋泼硝酸，伤及脸、眼、颈及胸、臂各部，剧疼不已，伤势严重，入医院治疗。一九五二年，因在新加坡久治不愈，赴澳洲、美国治疗多年，由训育主任刘佩金女士代理校长职位。

十一月，会考开始，又闹学潮。左倾分子鼓动学生不要参加殖民地政府举办的会考，甚至把校门重重包围，不让学生进入赴考。我们被阻不能入校，不知如何是好，焦急非常。幸好这时，有些护送女儿到校的家长，合力用木棍，强力撬开铁篱笆，护送学生进入校园，我们才能到考场参加会考。围堵校园的左倾学生在外大声喊叫、敲击锣鼓，企图影响考生的情绪。过后，这些闹事的学生，又被开除了。

一九五二年开学后,高中一年级只剩下半班是从原来中一升到中三的同学,另半班则是从南华女中或其他学校转入的新同学。

此时,我的中文及英文程度远超同年同学。由于基因,数学、科学方面,虽然努力学习,也不能有好的成绩。因此,最多只能得到第三名。

在校时,我连获两年作文比赛冠军,校外全新加坡作文比赛第一名。过后,校方不再拿我的作品参选,教务主任叶同璋老师对我说:"留机会给别的同学。"

此外,演讲、书法皆曾获奖。校内舞蹈、戏剧、中英文主持、报幕等活动,少不了我。

在校外,我参加话剧演出、电台广播剧、广告广播录音、代课、补习等活动及工作,也曾担任拍摄电影时的中英通译(因为当时的演员、工作人员是香港人,而导演是美国人)。

这些活动,丰富了我的舞台经验。在台上有自信心,来去自如,出口成章,毫不怯场。对我后来做教师、担任校长职位的工作,有莫大的帮助。

我深信在校时,学生参加各项活动,会有很多磨炼空间及发挥潜能的机会,让她们加强办事和组织的能力,学会和他人相处合作,呈现领袖才能,处理事务时更有自信心。校内的各种活动,不但能使同学之间相亲相爱、增进友谊,也能促使学生和老师、老师和同事之间产生感情,因而产生凝聚力。多姿多彩的学生生活,

蔡亮（左）积极参与校内的舞蹈、戏剧、中英文主持、报幕等活动。

蔡亮在校外，也参加话剧演出和电台广播剧等。
因为这些丰富的舞台经验，增添了自信心，来去自如，出口成章，毫不怯场。

对日后做教师和担任校长职位的工作,有莫大的帮助。

会使学生深爱学校。离校后，会怀念母校而形成关怀支持母校的强大力量。

（十）想回中国求学

一九四九年，新中国成立。那时在新加坡的华校生，高中毕业后，不能升大学。如果没有人际关系又很难找到工作。因此，有"毕业即是失业"的说法。于是，很多想升大学或想为新中国效力的热血青年，纷纷瞒着父母，乘船回中国。

一九五四年初，我有些好友纷纷回中国。他们写信给我，劝我也回中国求学。我当时也有这个打算。在筹备中，就被父母发现了。父亲有朋友在 CID 政治部工作，审核从中国寄来的信，发现此事，告知父亲。

我记得那晚，母亲和我深谈，劝阻此行。当我看见母亲不停哭泣，深感自己的不孝，也明白父母爱我的心是如此深切。他们舍不得我离去。我答应母亲，不去中国了。

（十一）到英校就读

一九五四年底，高中毕业。父亲有鉴于英文在谋生方面的重要性，把我和大弟蔡丹二人，通过人事关系，于一九五五年初送入 Bartley Secondary School 九号班就读。年底考获英国剑桥 O-Level

文凭。因成绩优异，有资格进入新加坡国立大学预科就读。

我记得那年年底，一个晚上，母亲告诉我，她和父亲决定送大弟蔡丹去读南洋大学。他是个男儿，将来要养活家小。我是女孩，将来自有丈夫会照顾我。二弟、三弟将来也要读大学，必须为他们的升学做准备。

虽然我的成绩一向比大弟好，但我也知道家中的情况的确如此，只好流泪接受这个决定。

一九五六年，我去师资训练学院就读，接受教学的培训。

（十二）半工半读升大学

一九五七年，我认识了同班同学黄德炎。他是一位寡言内向、稳重、思想周密的君子。深交之后，才知道他和我一样，有着想读大学的愿望。

他的家境并不穷困，但因父亲娶了年轻的第二位妻子，抛弃原配和子女不顾，使他们过着困苦的生活。

一九五八年，在德炎的引导和陪伴下，我在上午到南洋大学就读中文系，下午赶回南华女中小学部教学。除了备课、改作业，还要做大学的专题文卷。中午在乘车时吃点儿面包、糕饼充饥。有时则要等到下午三时才能进餐。夜间只睡三四个小时。在这般紧张辛苦的生活情况下，苦捱了三年（因有师训学历，免读大学一年级，直插入二年级），终于完成大学课程，修得南洋大学中文系学位。

（十三）回南洋女中执教

一九六〇年十一月，我去华侨中学郑安仑校长家，探访他的女儿郑蕾娜，恰巧遇见南中的刘韵仙校长。

我在初中三年级时，她受伤去了澳洲、美国医治多年。到高中三年级，毕业典礼之前，她才回来新加坡。因此，她不认识我。交谈之后，她很喜欢我，要我回南洋女中服务。但是其时，南华女中校长杨瑞初女士也要我留下在南华女中服务，她不肯放人。经过一番磋商、交涉，终于刘韵仙校长把我调回南洋女中。

一九六一年初，我在南洋女中开始教学。虽然我是中文系毕业，但第一份课表，却是中学四年级会考班的初数和高数。校方从我的高中会考文凭中，看到我的数学成绩优等，以为我的数学很行。其实因为基因的关系，我的数理天分很差。只因努力求知，多做练习的结果，才在会考中考出个优等成绩。

课表既然发出，很难更改。作为新教员，不敢有所要求，只好硬着头皮接受。可怜我每天备课、自己做练习多遍，花了很多时间。因为要得到学生的敬重和信赖，不敢有所马虎。有时，真的解不来，只好向校内数学奇才黄靖忠老师请教。那一年，真的连睡觉也不能安宁。

过了第一年，我向校方陈述我的苦处，才转教中文、文学史、历史、地理。我如鱼得水，教课时充满信心。活泼生动灵活的教学法，获得学生的爱戴。

蔡亮经过半工半读的辛勤努力,终在 1960 年完成大学课程,修得南洋大学中文系学位。

（十四）育儿苦难

我和德炎于一九六二年十二月一日结婚，不久怀孕。怀孕的第二个月便因子宫位置后倾，差一点流产。此后几个月断断续续请病假保胎。胎儿在七个月时早产，是个男婴。在氧气箱中活了二十天夭折。我悲痛不已。

一九六四年，我又怀孕。岂知在怀胎第二个月又差一点流产。此时我已三十岁，是高龄产妇。我求子心切，只好听从医生的嘱咐，入院长期卧床，饮食起居皆在床上，不准下床，不能去浴室洗澡，也不准下床大小便。

我住的是第二级病房，八个人同住。我的床位靠近厕所。下午太阳西照，阳光直射我身上，闷热难当。厕所的粪尿味直冲入鼻。人声、婴儿啼哭声不停，很难入睡。这些情况我都忍受下来。但是，在住院期间的八个月，差一点流产的次数高达九次，让我担忧不已。

感谢我的丈夫不管怎么忙、怎么累（他已担任校长职），每天下午一定来医院探望我，在精神上支持我，不离不弃。护士们背着我告诉他：这么多次差一点流产，胎儿一定保不住。她们见过太多这种情况，要他有心理准备，但他始终不敢告诉我。

我决心要保住胎儿。不能起床，我就不起床！每天二十四小时仰卧，躺到整个背都长了一层厚皮。在医院中，我看见许多和我有同样问题的女病人。进了医院，呆不住，到处溜。过后几天，流产

1962年12月1日,蔡亮与黄德炎结婚,图为蔡亮穿婚纱所拍的照片。

为了安胎,卧床8个月,每天24小时。坚强命大的第一个孩子黄以坚于1965年2月2日,顺利出生。

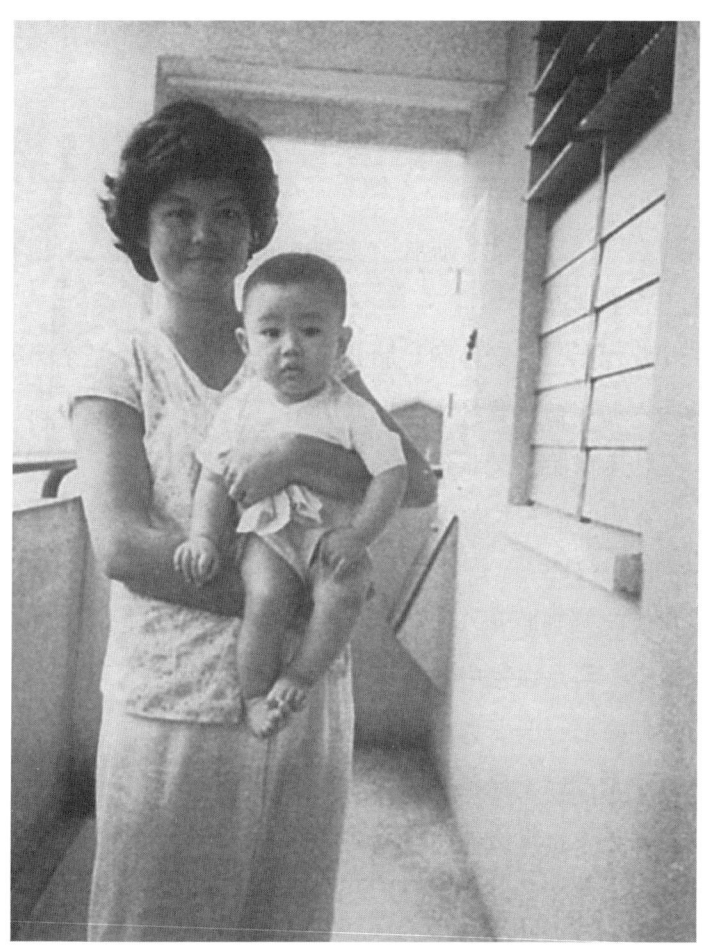

1967年12月15日,儿子黄以彬顺利产下。

了，哭哭啼啼地回家。我不要有这个结果，我坚持撑住！

一九六五年二月二日，这坚强命大的胎儿，终于保住，顺利产下。他就是我的第一个孩子黄以坚。

卧床八个月，第一次下床，双脚无力，整个人跪跌下去。第一次看见阳光，双眼张不开。

回到家，一片凌乱、肮脏。丈夫的衣物破破烂烂，对他有无限的歉意，心中难过。

一九六六年，我又怀孕。胎儿在第四个月流产，是个男婴。

一九六七年初，我怀了第四胎，第二个月，差一点又流产。我再次入院卧床保胎。最难过的是我的长子以坚才两岁，我却不能照顾他。好在当时有一位好女佣阿莲，她疼爱我的孩子，又细心照顾他，我才比较放心。

我在医院躺到胎儿八个月大，医生认为即使早产，也能存活，便让我回家，但是在家中也不可起床，照旧躺着。

当我回家时，长子以坚紧紧抱住我，不肯放手。他怕我又再离去。我心中难过，不停流泪。我下决心：不再怀孕！这些年，我不能做个好妻子，也没法做个好母亲。我对丈夫、孩子有许多亏欠！

一九六七年十二月十五日，我的儿子黄以彬顺利产下，第二年，我接受绝育手术。

因为要工作，家中只好雇用两个女佣。这时，我已升任为训育主任，工作时间加长。

一日，我在校中生病了，请假提早回家。一进门，看见以坚独自在大水盆玩水。早上因为天气冷,我替他加了一件寒衣。这时,幼小的他,身上穿着背心、睡衣、寒衣,全部湿透了。全身冰冷,不病才怪。我心痛极了。

走进屋子,看见两个女佣,用我的食物,煮了一大锅,正在大吃大喝。儿子以彬,在地上爬行,没人理睬。一股怒气直冲心头,真想立刻辞职,回家照顾孩子。

隔天,我向刘佩金校长请辞训育主任职位。她不肯接受我的辞呈,再三挽留。

此后,我一回家,放下一切,照顾孩子。陪伴他们一直到入睡了,我才去备课、改作业,直到凌晨一时才入睡。五时又起床,准备一切,搭车上班去。那段时期,睡眠不足,头重脚轻,每天精力不足,劳累得很。心中只想:哪一天我能无忧无虑,好好睡一下。等到那一天到来了,却已老去!

因为做训育的工作,下班时间不定,时有要事要马上处理,不能准时接孩子放学回家。有些天,迟了去ACS(英华小学)接以坚回家,他因久等焦虑,嘟着嘴,眼泪汪汪——生气了!我很抱歉,但也无可奈何。

(十五)任校长职位

一九七七年,刘佩金校长退休,由我接任南洋女中校长职位。那时,两个孩子比较大,能自立,我比较放心可以专注校政。在这

1977年，蔡亮接任南洋女中校长职位。

方面，我得到丈夫黄德炎的指导和协助。他比我早任校长职位十年，经验丰富、办事严谨。我从他那里学到很多管理校政的知识，所以少出差错。

初接手校长职位时，校内只有一万元周转，却仍拖欠副董事主席郭成源先生八万元。这是因为在一九六九年，建山上小学部时，本来预算的建筑费是四十万元，由教育部支付二十万元。岂料一九七四年初，小学部新校舍动工兴建，十一月底小学建成，却因韩战，洋灰短缺，价格猛涨，建筑费上涨至八十五万元。校方没有钱付还建筑商。几次开董事会议皆无法解决。这时，副董事会主席郭成源先生挺身而出，用自己的店铺、房屋作抵押，向银行贷款三十二万元，才能付清建筑费。此后，校方一直设法尽快付还郭成源先生。

补助学校的财政情况如下：教职员工的薪水由教育部支付。每月教育部按照学生人数发放一笔津贴金，补助学校运作。不够金额，学校要自己筹足。

南中那时的情况是，政府每月发放的津贴只够还水电费，其他的费用要自己去筹足。这也说明当时很多华文补助学校，因为无法筹足运作费而纷纷关闭。

反观政府学校，每项开支、建筑费、维修费皆由教育部负担。有些大型的学校，每年年底还有剩余的钱，要设法用掉！

同样是在教育新加坡的孩子，为什么补助学校遭受这种困境？

当时，受聘政府学校的教师，退休后每月可领取可观的养老金,终生有免费医药照顾,而补助学校的教师,退休后不但没有养老金,也没有免费医药照顾。大家同样服务教育界,为何有此不平等待遇?

当初我在南华女中任教时,因为我在教员办公室的座位,靠近杨瑞初校长办公室,时常看见供应商来催账。有些甚至态度恶劣,口出狂言。想不到我也要面对如此困境,无法解决。我只能尽量节省开支,也无法购买教学器材。每年还要举办义卖会、游艺会筹募经费。

这个情况一直到一九七六年,黄美云女士进入董事会,任校方监理员职位才有所改善。

她熟知学校财务情况后,目睹校方为生存和债务挣扎的困境,觉得应寻找改善的方法——节流之外还要开源。于是她和我两人去拜访各慈善机构,如:李氏基金、邵氏基金、连氏基金和各家富商,寻求捐助。

其间,见了李氏基金负责人李成义先生。他立即答应捐出三十二万元,负责整幢爱礼楼的建筑费用。此外,洪恭兰先生马上拿出支票簿,开了一张五万元的支票,令我们鼓舞非常。但也有某些百万富翁,拿出一点钱,打发我们离开。甚至有人口头答应会捐出一笔大数目,到死的那一天,一分钱也没拿出来。

我们戏谑自己是"高级乞丐"。为了学校,就做做乞丐吧!

我也请董事们各自负责一个发展项目。如黄美云女士负责视听教学中心、学生视听自习中心和舞蹈室一切费用;林国城先生负责

1980年合家照。

电脑学习中心的设备；林鸿谟先生负责音乐室内学生学习的电风琴的采购费用。

我们全校师生员工也尽了很大的努力，筹募建校基金及发展基金。我们举办了义卖会、文艺晚会、戏剧表演和美展义卖。此外，卡拉OK之夜、高尔夫球赛，也是为了筹募基金而办。在这方面，校友会鼎力相助，充分发挥了爱护母校的精神。连食堂小贩也参加了义卖活动。这真是上下一心，众志成城！

有了充足的建校基金和发展基金，校方便可实现各种教育理想。

首先，我们完成了爱礼楼的建筑工程。楼内有冷气大讲堂、视听教学中心、美术室、家政室、音乐室、舞蹈室、电脑学习中心。此外还建成新加坡最大、最完善的学校图书馆。除了书籍、视听资料的借出，还设有首创的学生视听自习中心。

校方把电脑、舞蹈纳入正规课程，聘请专才教导。我们购买各种教学用具增添华乐、铜乐的乐器，聘请教练教导学生各种乐器演奏，还有加强学生在球类、戏剧方面的学习，更成立新加坡第一支女子舞龙舞狮队。

我们鼓励教师自己制作配合课程的视听教材，尤其是华文的视听教材。当时我遍寻中国内地、台湾、香港，却找不到任何华文视听教材。

在体制方面，因为得到教育部的认可，南中从华文补助中学，被选为华英双语特选中学、美术特选中学，最后被选为独立自主中学。因需扩展校舍、设立学生宿舍，肯士路（King's Road）的校

2011年合家照，蔡亮退休后陪伴老伴、照料孙儿孙女。

蔡亮闲时阅读书报，栽种花草，学弹钢琴，学民族舞蹈，烹饪制作面包糕点，自得其乐！

园不够扩展。经多方交涉、选择，终于得到教育部批准给予 Linden Drive 前国家初级学院地段建校，而肯士路（King's Road）校舍则转让给南洋小学。

南洋女中名闻遐迩。总结经验，得知其成功是基于下列因素：

（一）历任校长的努力和苦心经营；

（二）教育部的认可及支持；

（三）社会大众鼎力相助；

（四）董事会的有效运作和无私奉献；

（五）强力扶持、热爱母校的校友会；

（六）家长的信赖及委托；

（七）教职员工有归属感，群策群力，合作无间；

（八）学生品行优良、努力学习、尊师重道。

我任南洋女中教师七年，训育主任九年，校长职位十八年，在南洋女中一共服务了三十四年（一九五八年至一九六〇年在南华女中任教，不包括在内），加上学生时代六年，我的一生在南中这个大家庭度过了四十年的光阴。

在完成 Linden Drive 校舍和其旁的学生宿舍的设计后，我在一九九五年五月四日退休。

此后，我陪伴老伴、照料孙儿孙女。阅读书报、栽种花草、学弹钢琴、学民族舞蹈、烹饪制作面包糕点。自得其乐！

在忙忙碌碌、纷纷扰扰的红尘退下。

过我悠悠闲闲、无忧无虑的余生！

蔡亮在忙忙碌碌、纷纷扰扰的红尘退下。
过悠悠闲闲、无忧无虑的余生！

得奖经历

1. 一九四六年　新加坡全国学生写作首奖
2. 一九六二年　新加坡剧本创作优秀奖
3. 一九八四年　荣获国家颁发行政功绩奖章

出版著作

1. 《孩子们的故事》（新加坡电视台儿童连续剧剧本创作）
2. 《华文与中华文学视听教材制作简报》
3. 《少年早知愁滋味》
4. 《吾家有儿初长成》
5. 《莫等闲白了少年头》
6. 《蔡澜家族》（与蔡澜、蔡萱合著）

怀念中的舅舅

幼时,我自从识字起,便阅读舅父洪风从中国寄来的每一封信。我喜欢他的信,因为他真诚披露内心世界。他敢恨敢骂,有时又是柔情万般。他的信陪伴我长大。我年纪越大,越能了解他的感受。但他从来不知道,在海外有一个小读者,在阅读他的每一封信,在偷窥他的信件。我虽然在五十岁后才第一次见到他,感觉上却是非常熟悉,非常亲切。

一九八七年,我伴随老迈双亲第一次回潮州探亲。见到舅父时,告诉他我从小读遍他的每一封信,他很惊讶,接着呵呵大笑起来。在潮州的日子是愉快的,见了许多从未谋面的亲人,吃了许多潮州菜肴。亲人们的亲切、殷勤招待,使我倍觉可贵。

我因从小常跟随家父观赏书画,稍有鉴赏能力,对书画甚有兴趣。我看挂在墙上舅父所作的油画及木刻,非常欣赏。他愤世嫉俗,

舅父洪风曾是广东省舞台美术学会顾问、广东省潮剧院顾问、汕头画院及潮州画院顾问。

亲爱的亮好：

接到您的一封饱含深情的信已经很久了，我们全家住在另一个世界里，又一次感受到如此真挚的温情，太珍贵了，再一次谢谢您。

您们姐家和大家都是标准的文明家庭，尤其姐家，应该说，那是人类未来的典型，充满学的欢乐的团体家庭。您们要为成长在这么幸福的理想家庭而骄傲和珍惜。我们呢，是生活在半个多世纪以来艰难的环境里，我们一家相互同呼共吸地依靠着是您们无法想像的，所以您们的家有你们的特点，我们的家也有我们的特点，我们都各自为此而骄傲，而又能相互羡慕的。我相信您会同意我这一观点的。

今年春节表第妹们托笔向您们全家，恭祝您们全家新年快乐万事如意！

浤
1988.1.4.

舅父洪风给外甥女蔡亮的亲笔信。

爱恨分明，作品中流露强烈的情感，极渴望解放、向往自由。

在回香港的那一天，舅父带我们坐面包车赶路去汕头搭飞机。途中母亲突然提起一些事，使我伤心不已。因钱财之事，家族中有人对我有所误解，离间了母亲、弟弟和我之间的感情。

我自问没有做错事。此生对父母至孝，对弟弟呵护有加。如今蒙受此不白之冤，一时心如刀割，悲从中来，禁不住大哭起来。舅父拍着我的肩膀说道："亮啊，别哭，别哭！"

如今回想这一切，肩膀上仍感到舅父手中的温暖，依稀听到舅父在说："亮啊，别哭，别哭！"

舅父啊！甥女深深思念您！

洪风简历

洪风（一九一六年至一九九八年），原名洪应镰，潮州市人。

一九三三年至一九三六年就读于国立杭州艺专。在校期间，参加进步组织"火花读书会"。曾用笔名洪枫，选送十四幅木刻作品参加李桦、黄新波、江丰等青年画家组织的"全国木刻流动展览"。毕业后返回潮汕，先后在普宁、澄海、潮州多所中学任教，是当年中国新兴木刻的积极参与者。

一九三九年至一九四一年在澄海中学任教，指导学生学习木刻创作，组织学生手拓《澄中版画》。任教期间，作品送给邻近学校与村镇张贴，宣传抗战，还为潮汕抗日刊物制作封面、刊头和木刻

父亲蔡文玄(左)与舅父洪风(右)合影。

母亲洪芳娉(左)与舅父洪风(右)合影。

木刻《飘》。(1982年)(36×48cm)
蔡亮非常欣赏舅父所作的油画及木刻。他愤世嫉俗,爱恨分明,作品中流露强烈的情感,极渴望解放、向往自由。

给画作品《风雅若梅——洪风老师》。(罗宗海绘)

宣传画。

一九四一年至一九五六年在金山中学任教，组织学生手拓《金中木刻》。任教期间，与其他教师、学生一起组办金中剧社，曾导演《麒麟寨》《雾重庆》《归去来兮》《结婚进行曲》《大地回春》《家》《朱门怨》《裙带风》《升官图》和《白毛女》等话剧。

一九五六年调到广东省潮剧院任舞台美术设计直至退休，先后为许多脍炙人口的潮剧设计了精彩的舞台美术，蜚声海内外；并搜集、整理了潮剧脸谱、服装、道具等宝贵资料。

一九六六年"文革"开始，所有木刻作品和油画作品以及一批舞台美术设计图，毁于一旦。人身及精神惨遭迫害，在"牛棚""干校"种田养猪达八年之久，一九七三年平反复职。

一九七八年退休后，重操刻刀画笔，自娱自乐。

洪风生前为广东省舞台美术学会顾问、广东省潮剧院顾问、汕头画院及潮州画院顾问。

忆谊弟黄汉民

谊弟黄汉民是我在师资训练学院的同学。毕业后,由我介绍到父亲挚友谢倬荣校长的端蒙小学教书。后来升任高级教师。谢倬荣校长退休后,由他接任校长职位。

因为我的关系,他认识了父亲。他住在附近,常来家中和父亲谈天说地,非常投契。老少两人一起唱潮曲、讲笑话。不知从何时起,他拜了父亲为干爹,也跟我们叫"爸爸"和"妈妈"。

他常买食物给两老吃,在家中出出进进,早已是我们家中一分子。

母亲习惯在早餐时,吃一碗浓稠的燕窝。因此到了九十八岁,皮肤润滑,没有老相。

燕窝由二弟蔡澜大量购买。弟妇张琼文听说有些佣人炖好了燕窝,自己先吃一大半,再添些糖水给主人吃。她委托汉民弟的妻子

汉民拜了父亲为干爹，常来和两老做伴。

谊弟黄汉民来信手稿。

因干爹喜欢潮剧《陈三五娘》，谊弟黄汉民特地写下曲谱，给谊姐蔡亮以钢琴伴唱之。

阿妹,为母亲炖制燕窝。每三天,汉民便提一锅燕窝来给母亲食用,从不间断。

我因工作忙碌、孩子年纪小,不能常常承欢膝下。看见汉民弟常来家中,和两老做伴,逗他们开怀嬉笑,心中无限感激。他这个谊子,比我们姐弟更孝顺。

他是性情中人,真挚、热诚、开朗。笑颜常开,与人亲近。我们都喜欢他,当作家人看待。

他一见到我,便与我谈笑,连声叫:"亮姐!亮姐!"

二〇一五年初,突然接到三弟蔡萱电话通知:"汉民弟,无疾而终。"

我甚为震惊!好好笑嘻嘻的一个人,怎么说走就走了?我也感叹生命的脆弱。就像风中的蜡烛,光灭了,没了!

医生断定他是因为血压骤然升高,使心脏骤停。

斯人已逝,音容宛在!

今后,谁来唱潮曲给我听?谁来笑嘻嘻连叫:"亮姐!亮姐!"?

谊弟黄汉民（左）与父亲蔡文玄（右）合影。

我所认识的郭成源副董事主席、林秀梅董事主席及黄美云董事主席

在我掌校的十八年生涯中,曾有光辉欣慰的日子。陪伴而来的,也有艰辛颓丧、苦楚的时刻。庆幸的是先后得到郭成源副董事主席和黄美云董事主席的信赖与支持,完成了先辈们交给我的薪火相传的任务。

今日,南洋女中校舍及宿舍堂皇巍然,规模宏大,经济自足。不知者,以为理所当然。殊不知在历史的长河中,有着人们所遗忘的困苦艰辛。

一九六一年我踏入南中任教,当时只有几位教师和我一样年轻。其他的同事,都是曾教导我的年长老师。九年后,我升任为训育主任,陪伴在刘佩金校长左右,目睹她谦虚忍让,委屈求全执掌校政,我深知此中的苦滋味。

一九七四年初,小学部新校舍动工兴建。本来预计的建筑

蔡亮任南洋女中校长十八年。

费是四十万元，不料工程快完成时，遇上洋灰短缺，价格猛涨至八十五万元。校方无法支付拖欠的四十五万元建筑费，只好停工二十多日。

我眼见建筑承包商天天来南中追债，相逼甚紧。刘佩金校长只好忍气吞声，苦求宽限，设法解决问题。

从一九五八年到一九六〇年，我在南华女中任教。因座位紧靠校长室，常见多名供应商到校长室外苦候，要见杨瑞初校长追讨学校欠款。有的甚至恶言相对，态度恶劣。我料想不到，来了南中，还是要目睹这般羞辱难堪的局面。

那时，我陪伴刘佩金校长出席多次董事会议。尽管刘校长陈述校方困境，恳求援助并无结果。董事中不乏家缠万贯人士或社会名流，但无人出手相救。

郭成源副董事主席并非大富人家也没有高深学历，更非著名的社会名流。他为人谦虚忠厚，不善辞令，亦不多言语。只因他对南中有深厚感情，而且真心想为华文教育尽些力量，任董事以来，出钱出力，不计其数，几乎有求必应。凡是校方庆典或仪式，他一定设法出席，以示支持鼓励。他非常尊重刘佩金校长，从不干涉校政。

在这种困境中，只有他一人挺身而出，为南中排忧解难。他以自己的家产及厂房作为抵押，以个人名义向银行贷款三十二万元，无息转贷给南中以付所欠的建筑费，且不定偿还期限。这项高风亮节的义举令人敬佩。就因为社会上还有少数像他这样无欲无求、真心肯为教育奉出贡献的人，南中及寥寥可数的一些华校，才得以幸存。反观其他许多历史悠久的华校，因得不到援助，无法支撑，陆续关闭，令人惋惜。

此后数年，南中不断筹款，举办游艺晚会、义卖会及手工展览会，另一方面尽量节省开支。每到年尾就将积蓄所得，陆续偿还郭成源先生。

我必须提及已故王鼎昌总统夫人（林秀梅校友）对南中南小的贡献。

一九七八年，林秀梅校友是南中的建筑绘测师（Architect），正为南中策划新图书馆的建筑蓝图。

一日下午，我和林秀梅校友到南小去巡视。我们站在南小山上校舍后的铁篱笆旁俯视山下的景色。她忽然很兴奋地对我说："咦！怎么连接南小校舍的山下，竟有这么一大片空着的土地！如果能取得，南小便有很大的发展空间。我会赶紧去查查看有没有办法。"

不久，她很高兴地打电话给我说道："我查到了！这块地是 Lot No.2027，有5878平方公尺。本来是由一位日本人，Mr Isamil Warakami，买去要建公寓，但他的发展准许证早已过期。如果我们寻求教育部和国家发展部的协助，去争取这块地段给南小，那么，一切就太完美了！我会通知南小何振玉校长，由董事会出面赶紧进行这件事。"

一九七八年，林秀梅校友只是南中的建筑绘测师，她并不是董事会的成员，也还未贵为总统夫人。她本着校友爱护母校的一片丹心，处处为母校着想，设法在各方面协助母校的发展，实为南中南小的大功臣。

后来，得到教育部的协助，很幸运地，南小取得这块地段。教育部并且准予免息贷款买地，分二十年偿还。一九七六年，黄美云校友进入董事会，成为筹募委员会主席。在她的领导和不断努力下，其他董事会成员、校方的教职员工、校友会、家长、学生、社会热心教育人士、各大慈善机构的共同努力协助下，这笔免息贷款在一九九七年终于全部付清。

刘佩金校长在一九七六年十二月退休，由我接任校长职。接手时，校方虽多次办筹款活动，但也只有一万元存款，作为运作费用。当时，还欠郭成源先生八万元债务。一九七八年，校方有三万元存款，中学与小学分家。董事会议决分二万元给中学，一万元给小学，南中的资产，只有二万多元，非常拮据。对郭先生的欠款，在一九八一年我掌校四年后才还清。郭成源先生在一九五九年加入董事会，他在一九八四年去世。在他临终的前两日，我目睹他在医院的加护病房病榻，用他那颤动无力的手，在喘气很辛苦的情况下为一张又一张很大张的南小重建建筑图签署，为的是要使校方能尽早呈交政府部门，不愿耽搁建校工程的进展。他对于南中、南小的无私奉献，真是鞠躬尽瘁，死而后已，堪作南中董事的表率。师生们永远感激他、怀念他！

黄美云董事主席于一九七六年加入董事会。一九七七年被委为校方的监护员，与校方关系密切。她为人热情，真诚重情谊、明辨是非、有冲劲、有勇气。她疾恶如仇，敢怒敢言。身为校友，爱校

蔡亮与黄金辉总统合影。

之心，数十年如一日。每年出钱出力，从不间断，真是有求必应，尽心尽力。

当她了解校方财务上的困境后，她认为一定要改善这方面的情况。虽然校方尽量节省开支，惨淡经营，但不能推展各种计划，妨碍学校的改进及发展。

从一九七八年起数年间，她每年带我去求见许多社会名流、高官显达。我们向一家又一家陈述校方困境，请求捐助，到处奔波。我们自谑为"高级乞丐"。这期间，看尽世态人情。有些热心教育的人士，如李成义先生，立即应诺从李氏基金捐出三十二万元扩建爱礼楼的特别课室。洪恭兰先生、高德祥先生、林国城先生、庄升俦先生和其他董事及热心人士纷纷捐助，令人鼓舞。有些更立即拿出支票，当场付捐；有些则言明在数年内付捐；有些虽然等候多时，却只给小额金钱打发我们离开。有些人家财万贯，在大场合中众目睽睽夸下海口，应诺了付捐一个大数目，出尽了风头，但历经数年，任凭校方如何请求，都不将认捐的银额交出，一味拖延。甚至等到他死了，也没付清，等于给了一张空头支票。

另一方面，我们去求见个别董事，请求他们以个人名义捐助特别的发展项目。黄美云女士带头捐出十五万元辟建视听教学中心及学生视听自习中心、购置视听器材及软件，另捐出五万元充作舞蹈室的装修及设备之用；林鸿谟先生捐助五万元作为音乐室隔音设备及购买二十架电子琴给学生学习之用；林国城先生捐助五万元给电脑室购买二十台新型电脑，并开启电脑课程；其他董事则捐助各种课外活动的器材，聘请专职教练，教导学生舞蹈、戏剧、华乐、铜乐、田径、球类方面的专门知识及技艺。

我们每年定期举办"南洋之夜"游艺晚会、美术展览及戏剧演出，除筹款外，培育学生对艺术的爱好及欣赏能力，发展她们的潜能，训练办事能力及领袖才能，更促进师生及职工人员对南中的归属感及上下一心的凝聚力。

在副校长陈清华先生、陈佩琴女士、钟蔚芬女士和教务主任彭主爱先生以及其他历任副校长、科主任、教职员工的合作协助下，我们大胆地推行了各种新计划。

我们尽力寻访聘请好教师，提高师资素质。挽留好教师，使教师们有归属感，减少教师的流动量。在课程及教学上设立监控制度，改进教学方法，以期逐年提高学生会考成绩。另一方面，抓紧纪律，进行辅导，树立良好的校风，加强道德教育。此外购买各种新器材，增设新设备，开设新课程，如：先进的视听教学中心、学生视听自习中心，编排舞蹈必修课程、音乐特修课程、美术特修课程、电脑必修课程。又把多年失修的校舍修整，粉刷一番，呈现了新气象。一时之间，南中各方面在短期中获得改善，朝向电脑化、现代化、艺术化的大道前进，成为新加坡模范学校之一，到校参观学习的海内外人士络绎不绝。众人为新加坡教育的发展尽心尽力，而为南中被国家选定为双语特选课程中学、美术特选中学及自主学校铺路。

这一切的迅速发展，皆归功于黄美云董事主席多年来的关怀及鼎力协助。她是南中的呵护之神，是南中的发展史上的大功臣！

四十年来，我和黄美云董事主席相知相惜。我们建立了一种伙伴关系，而无上司下属的区分。我们无所不谈，畅言不已，肝胆相照，成了知己挚友。最重要的是：她很尊重我，重视我的专业知识，信赖我的办事能力，适时给予谅解及支持。她从不以权势欺压别人或胡乱干涉校政。即使我退休至今已二十一年，我们依然相交如故。

　　谢谢您，黄美云董事主席！祝愿您青春永驻，健康活跃，继续发光发热，造福人群！

蔡　澜

三 七

华人的风俗，为逝者做的法事，有第一个星期的头七，第三的三七，和七七四十九天的尾七。

三七那天我又回新加坡拜祭母亲，那一张黑白照片，是她二十三岁时嫁给爸爸拍的，圆脸，戴圆形眼镜，身穿旗袍，父亲一身西装，两人非常登对。请弟弟为我拿到电子照相店里复制了一张，带回香港。

事情办完，就在家里打麻将，我相信母亲不会反对，她也要儿女们不要为她太过悲伤吧。

麻将搭子，当然有最忠实的老谢了，他是和我一起去日本留学的老友，返新后在"伊势丹"当高层，当今退休，又因为还是单身，最有时间了，随传随到。另外的是弟弟和弟妇，他们两人轮流打，见手气不好就起身。

这是母亲二十三岁嫁给爸爸时拍的,圆脸,戴圆形眼镜,身穿旗袍,父亲一身西装,两人非常登对。

还有一位叫葛治存，是个身高六尺的女子。她是由画家友人介绍来的，画家本来也是忠实搭子，患病，打到一半翻了白眼，经常要叫救伤车送院，后来就少叫他了，因为大家都不肯负害他的责任。

葛治存洋名丽莎，出身云南大理，为云南省女子篮球队队员，也做过专业模特儿，一九九六年来新，获篮球教练文凭，训练队员，曾多次带国家队远征，得到佳绩。

偶尔，她也写写文章，为《联合晚报》体育版和娱乐版的特约记者，一九九八年迷上高尔夫球，日夜苦练。

穿起鞋子来，比我更高的女人不多，她是其中一个。样子又好看，扮初学者，在高尔夫球场中，许多老手都以为她是业余，和她一打赌，被她杀得片甲不留。

丽莎要拜我为师父，我却宁愿要她当我的保镖。看见本地富豪聘请退休的啹喀兵（Gurkha兵，尼泊尔的善战廓尔喀雇佣兵）当保镖，我总是摇头。去请那些骑马的女武警有多好！出入被一群高头大马的美女包围，那才叫懂得用钱。

搬　家

父亲安葬的坟地过一两年就要夷平建屋，我们做子女的得好好再找个地方迁移。

就那么巧，家兄摆灵堂的善堂有空，一排排的方格，正好是他的顶上，要是下面的话就有点不敬了。

那个善堂叫"南安"，是家母当年做校长的小学的主办机构。办事人员听到母亲的名字，特别留给哥哥，当今又把灵位给了家父，旁边还有一个，预定妈妈百年之后住，一家人又住在一起，有个照应，像冥冥之中的安排。

为了这件事我到新加坡走一趟，弟弟已经请了一位师傅来凿旧灵位。他是个专家，带了工具和雨伞前来，第一凿开始，讲句吉利话，再第二第三。我已记不起他说了些什么，反正很用心敲开，取出骨灰盒，由家中长子（哥哥去了就轮到我了）捧着，伞由姐姐替

中年的父母亲合影。

我遮头，因为阴物不能照到太阳。

一路捧到新住宅，一位道士把骨灰移到方形的大理石盒中。这是第二次看到，上次火葬时捡出骨灰时见过，记忆犹新。

所谓的骨灰，已不是灰，剩下一块块骨，大的火葬后取出时已敲碎，变成两英寸左右的细块，颜色雪白。

爸爸的学生林润镐是位通天晓，他说爸爸生前健康，骨头才是白色的，许多人变成褐色，是体内留着污秽。

"为什么爸爸不留舍利子？"我问。

"哦！"镐兄说，"所谓的舍利子，也不过是大腿和盆骨之间的那颗圆形的骨头。老和尚吃斋，骨头也白，那个部位没给烧裂的话，就变成舍利子了。"

他的科学分析有点说服力，我听了也将信将疑，不求甚解。

今后清明回来，和哥哥的墓一块儿扫，总之方便得多。

老 师

深夜返港,疲惫不堪。本来应该呼呼大睡,但依惯例,还是把那叠旧报纸一口气读完,不然不罢休。

看到紫微杨兄的专栏,题为《寄语金庸》。黎智英的晚宴,座上客除了查先生夫妇,还有倪匡兄嫂吧!一定兴高采烈,我错过了,心痒痒。

和紫微杨兄见面不多,但印象总是深刻,上过他哥哥杨善琛先生几堂课,也当他是师叔。紫微杨兄的外表和谈吐,文质彬彬,那一代的文人有文人相,年轻作者中找不到那种风采。

在左丁山兄的宴会中偶遇杨兄,提到我的书法老师冯康侯先生的一对对子,又勾起我对老师的思念。冯老师知道我母亲尝酒,也送过另一对给她,当今写出来让杨兄一笑:"万事不如杯在手,百年长与酒为徒。"

家母今年九十八，不问世事，每餐还在喝她的白兰地，活到一百岁没问题，冯老师的话说中了。

杨兄对紫微斗数研究甚深，连笔名也从中取之，对未来之事应该算得极准，又跟随了查先生多年，但似乎并不了解查先生当今读书的心境，绝对并非为了学位，也不是没实行经常提到的：看破、放下、自在。

剑桥早就给了查先生一个荣誉博士，这是德兰修女等人才能得到的衔头，只是查先生认为应该自己修来才算数，所以又去读书，拿了硕士后再想考博士，方名副其实。

在查先生这个阶段，什么都拥有了，过着范蠡般的生活。没有人问范蠡最想做的是什么，查先生早就声明最想做的是读书了。既然他想做，就让他做去，他要比韦小宝娶多几个老婆，我们也赞同。

什么都不想做的，是倪匡兄。他说能活到七十岁，已是一大成就，今后活多一天，就是多得一天的人生奖赏，吃吃喝喝算了。

两种态度，都值得学习。我够幸运，一生有很多好老师：冯老师、杨老师、丁老师、倪老师和查老师。

未了集

一向端庄、当校长的母亲，忽然一天嚎然大哭，把我们四个儿女吓得脸青。

隔了很久，等她情绪安静下来后问："妈，这是何苦呢？"

听了又不禁下泪，妈说道："你大舅死了。"

"是不是在金山中学当校长的那位？"

母亲抹干了眼泪，点头。

"生病？"

"不是，在'文革'时，被流放东北，在苦劳中死去。"

这种在电影中才有的事，居然现实生活中也发生，到底为了什么？事后才知道，大舅的学校里有一个顽劣的学生，又偷东西又欺负同学，结果给大舅开除了，这个野兽后来当了党的干部，回来复仇，弄个莫须有的罪名，把大舅害得很惨。

唉的一声，又问："还有多少个兄弟？"

"还有你二舅。"妈妈说，"他很年轻时就很爱国，很爱党。"

"二舅干什么的？"

"学美术，是乡里唯一一个考进杭州艺专的，毕业后回来，整村的人都到火车站迎接，哪知道看到的是一个背着一大堆木头和刻刀的，都摇头叹气说做木匠吗，为什么还要老远地去读书？"

说到这里，我笑了出来，但想到大舅的事，又沉重了，问道："大舅死了，二舅不恨吗？"

母亲摇头："他满腔热血，说要为国家做事。在国立艺专时的思想已经左倾，参加过进步组织的火花读书会，给国民党抓去。唉，当年的年轻人，谁不被那为国为民的理念吸引呢？"

"那么党应该大大表扬他才对呀。"

母亲苦笑："'文革'来了，冤枉了多少艺术家！二舅不能幸免，在牛棚里的所谓干校，种田养猪过日子，每天还要受到批判，就那么关了八年。"

我记得那段日子，家里人不断地往大陆寄东西，一大罐一大罐的猪油等等。旧衣服，不能寄新的，新的收到了又会惹麻烦。有时，还会寄打火石。想起了丰子恺先生收到广洽法师从新加坡寄去的打火石，笑说这是"香火缘"，这群受迫害的艺术工作者，心中没有怨恨，只有自娱。

在八十年代，我的寻根念头愈来愈强，向父母说我们不如去潮州看看吧。家父担心看到的一切令他伤心，只有游说妈妈去见见二舅。

木刻《荷塘小趣》。（上世纪80年代）（19×32cm）
当年的二舅是乡里唯一一个考进杭州艺专的人。

潮剧《陈三五娘》舞台美术设计图。（上世纪 50 年代）
二舅于 1956 年调到广东省潮剧院任舞台美术设计直至退休，先后为许多脍炙人口的潮剧设计了精彩的舞台美术，蜚声海内外。

潮剧《辞郎洲》舞台美术设计图。(上世纪50年代)

潮剧《苏六娘》舞台美术设计图。（上世纪50年代）

潮剧《王老虎抢亲》舞台美术设计图。(上世纪60年代)

终于成行。

第一次见到二舅，已是一位老人了，也有点发福，不像他的木刻自画像作品中那副年轻人拥有的又饥饿又清瘦的印象。中国人不流行西洋的礼节，但我心中紧紧地拥抱着二舅，从他寄给爸爸的木刻拓本，我非常喜欢又尊敬这位艺术工作者。

请二舅一家到餐厅吃饭，这时的府城，经济虽然不算发达，但是鱼虾蟹还是吃得到的，我们这些在海外生活的人，饮食习惯已经不同。

点了炒菜心，请二舅多吃一点蔬菜，二舅微笑："你们吃吧，我那八年，天天吃。"

一句普通的话，是多么令人心酸！

吃完饭二舅带我们到潮子桥观光，站在桥上，看到急流，二舅不动声色地说："这个念头不断出现过，如果再来一次'文革'，我一定从桥上跳下去！"

听了忍住眼泪，好在回到二舅家，见他整群儿女，有的还抱着二舅的孙子，我又觉得欣慰，表弟表妹们都长得英俊美丽，潮州人叫漂亮女孩子为雅姿娘，我的表妹们的确称得上这句潮州话。

看舅父在金山中学附近的老家，与母亲的形容已面目全非，潮州古城昔日街道上摆满牌坊，建筑比京都还要优雅，老家木梁的雕刻，本来是空挖出，一个个的历史人物，像舞台上一出出的剧，但为了怕人来抄家，用水泥填满，后来想恢复原状，怎么挖也挖不掉了。

木刻《女儿肖像》。(1984年)(10×10cm)

木刻《佛像》，应蔡澜之嘱而作。（1980年）（20×36cm）

蔡澜抄写《心经》。

为了令气氛轻松，我把在海外听到的黄色段子一篇篇讲给二舅一家听，儿女们当然乐了，连不苟言笑的二舅妈，也笑得流出眼泪来。

平反后，二舅当了广东省舞台美术学会顾问，汕头画院、潮汕画院顾问，潮州话剧团的美术都由他指导，他谦虚地说："什么顾问？不过是个布景师。"

在香港，我时常买木刻刀寄给二舅，受了他的影响，我对木刻大感兴趣，在清迈买了一块地，收集大量木头，想告老后在那里刻佛像。

"你寄来的刻刀都是凿立体的，我用的是版画木刻刀，不同的。"他的信中说。

我才感到惭愧和无知，信中问二舅："那你对我想刻佛像，有什么意见？"

回信上说："刻的别像佛，要像人。"

这句话，没有忘记过，现在不管在摄影、写文章或写生，都要像人。

二舅去世多年，他儿子洪钟要为他出一本书，叫我题字，书名为《未了集》，我刻佛像的心愿也未了，只有写一篇文章来纪念二舅。

蔡 萱

在电视圈二十七年

南洋大学毕业后，一九七〇年我赴日进修电视制作课程，一九七二年进入电视台工作至一九九九年，总共二十七年，费心劳力，尝尽甜酸苦辣，今生难忘。

只要向同行诉说我曾用过二英寸录像带，就知我资历有多久远。从黑白拍到彩色制作，工作期间，我的上司频繁更替共有六位，我算是六朝元老，公司名字也换改几次，从 RTS，SBC，TCS，现为 Mediacorp。

七十年代，我从助导做到导演，当年什么类型节目都要制作。我拍过杂志性节目《合家共赏》，体育节目《体坛动态》，艺术性节目《艺术欣赏》，还拍大型西洋交响乐团、华乐团等演奏。现场拍摄的节目有《妆艺大游行》《多多博彩》《新年大演唱会》，也制作不少儿童剧、地方戏曲（潮州、福建、广东等大戏）。

蔡萱(左一)1972年进入电视台工作至1999年，总共二十七年，费心劳力，尝尽甜酸苦辣，今生难忘。

综艺节目制作的有《花月良宵》《弦歌丽影》，当年的主持人是张炜和爱丽，演出本地艺人有林竹君、丽莎、紫玲、黄清元、黄鹂、凌霄、朱咪咪、凌云、筷子姐妹、张小英、樱花等人，谐星是王沙、野峰。后来推广华语运动，不准艺人唱方言歌曲，还限制男艺人头发过长者上电视，我曾逼得要凌霄戴上假短发来上节目。海外艺人多数请来自"海燕歌剧院"或上夜总会登台的台湾歌星，印象中有邓丽君、罗文、青山、骆艳丽、冯宝宝、高凌峰、杨小萍、李亚萍等人。

七十年代电视制作量少，各部门人员不足，制作费也低。我记得拍戏的布景简陋，道具也简单，我拍戏需要一篮鸡蛋，道具组为了省钱，只给几十粒乒乓球充数，拍摄时演员不小心绊倒，假鸡蛋跳弹落地。

八十年代后，聘请许多香港专才到来，那时制作费增加，制作量也逐年增多，戏剧组大事发展，进入专业精英时期。我被升为戏剧组唯一本地监制（其他二三名监制是香港同事），负责行政，手下有一群导演和助导要管，每天审查制作进度和开销，看拍完的片子等，最担心是作品播出后收视率的高低。

戏剧组人员众多，共有演员、导演、助导、统筹、故事创作人、编审、编剧、布景设计师、道具人员、化妆师、服装管理员，负责寻找外景、交通人员，摄影师、灯光师、音响效果人员，宣传部、艺人部人员等。这些同事各种各类，性格迥异，要合作交流甚为费心花时间，所以我在桌子上摆一牌"贱职"作为自嘲。

1981年,蔡萱(前排正中者)与戏剧组演员合影。

八十至九十年代我制作了二百多部电视剧，虽说好汉不言当年勇，但其中有几部属首创值得一记：

1.《调色板》——进入中国市场，许多中国同行深有印象。

2.《飞越银河》——科幻片，第一集有场宇宙飞碟大战，劳师动众花了好长时间完成。

3.《奇缘》——聊斋式片集，共有几个故事，神仙鬼怪造型多，特技化妆值得一提。

4.《小DD》——儿童机器人故事，当年小观众深有印象。

5.《实里达大劫案》——电视电影，全外景拍摄。

6.《怒海萍踪》——清装武侠剧，大帆船海战，在海中拍摄数天，劳心劳力。

7.《三面夏娃》——捧红阿姐郑惠玉的时装剧。

8.《咖啡乌》——首部破百万电视剧。主题曲《咖啡乌》至今仍为新加坡民众喜欢歌唱的曲子。

9.《芝麻绿豆》——第一部环境喜剧（新马一带称"处境喜剧"为"环境喜剧"），集数极多，主题曲《小人物的心声》在每次国庆日还有播唱，由参加国庆庆典的在场群众合唱。

10.《金牌师爷》——古装喜剧，获当年最佳电视剧奖。

11.《潮州家族》——在潮汕实景拍摄，口碑极好。

八十年代我获得总统黄金辉先生颁赐的"公共行政"铜奖，当年还戏问此牌可否当免死金牌，用来抵消过失。九十年代末期，电视台为了削减开支，把年长高薪者请走，我得两年补偿金，所谓"黄

1988年，蔡萱（左）与香港来的故事创作人王启基（右）商讨剧情。

金握手"，提早退休。之后我做了几份工，都与电视有关，多年后自觉服务他人多年已经足够，余年自我服务，现在每天读书、练字、网上看戏、旅行、绘画、打麻将、勤练静功，自得其乐。

往事如烟

离开电视台已久,我有时还梦见在控制室里,没有事先彩排下,指挥现场节目播出,因受惊吓而醒。工作了二十多年,有些事件,到底难忘……

一回有位白目的助导,把录好十多场戏的录像带,不小心洗掉,这是金钱的巨大损失,以后重录麻烦和浪费时间,每位同事皆知我从来不骂人,这次我将他大骂,大家觉得他太过"幸运"太该死!

拍摄综艺节目,台湾男歌手一进场就大声喊叫,要求比他先到的几位本地歌手先拍,我立即答应,装模作样拍摄,其实我并没下令转带录影,当然这位装大牌歌星的演出,从没播出!

某林姓女歌手,明明怀孕身材走样,但唱片即将推出要宣传,公司硬使关系让她上节目,我只好令三部摄影机全取她的特写,一首歌的演出,不见她全身,算是拍摄首创。

蔡萱拍儿童剧时，剧情需要，劝导小演员脱裤，小演员不肯服从！

戏剧组人员众多,要合作交流甚为费心花时间。

当年红极一时的主持人是爱丽与张炜。爱丽笑起时有对有趣的门牙，她口齿伶俐，活泼可爱，后来一段时间没上节目，外面盛传她发疯，进入精神病院，其实她嫁入印度尼西亚华侨豪门，丈夫不准她抛头露面演出。张炜英俊潇洒，甚得女观众心，他在夜总会当司仪，结交一欢场女人，不久他汽车的四个轮胎，皆被人刺破警告，据说女友是某大哥女人云云。

王沙、野峰是极受欢迎的谐星，两人常没预先设好剧情，定一个主题就临场发挥，初期他们以方言演出，生动有趣，后来实行推广华语运动，方言被禁，演起来顿觉逊色。每次王沙都能适应我的制作要求，一次要他扮演非洲土人，二话不说，他化花脸妆，赤上身穿上草裙跳舞，敬业乐业的精神，令我尊敬。他的烟瘾极重，一次他抽烟太厉害，晕倒在地，送入医院后，医生在他胸口开一个小洞，让烟缕缕冒出，才能清醒！他也曾经戒烟，最难受是饭后和上厕所后，一次还是忍不了，向帮他维修屋外的工人，讨一支香烟抵瘾。晚期王老出门需携带一个氧气管筒，随时吸气以顺呼吸。

另一位优秀艺人是凤飞飞，她上我节目时演唱《秋水伊人》，在镜头里我发现她眼眶泛显泪光，想必有感而触，忆起自己复杂身世，当时我拍她的特写，维持略长，情境令人动容。

我也代表电视台出国数次，八十年代日本举行东京影视座谈会，曾派著名影评家佐藤忠男先生来新选片，他看上我制作的《辗转红尘》后让我携片赴日参加。我在台上讲述新加坡电视业现状，日本记者都很惊讶，一个国家里，只有一家电视台，过后我对佐藤先生

1996年，蔡萱（后排正中者）被委派担任上海举行的第六届"白兰花奖"初选评审。

说起曾拜读他的著作《黑泽明的世界》，他颇感意外和高兴，在海外居然还有他的知音。

一次我被派往在大阪的"每日放送"（电视台）实习半年，我主要跟随和学习戏剧的制作，受益不浅。回新后，把我所学的呈上一份报告，其中曾建议举行艺人大奖以鼓励演员，数年后果然举行《红星大奖》节目。我还呈上一个摄影机架子设计图，那是夹插在车门外，以放摄影机的铁架子，是用来拍摄演员在车内驾驶的设备。

我也被委派担任上海举行的"白兰花奖"（电影电视大会）初选评审，那时代表新加坡电视台制作的是一部电视电影，内容是穿越时空的古装爱情戏，由一位香港来的监制制作。放映此戏时，坐在我邻座的另一位山西电视台评审，突然喃喃自语指出：其中士兵大混战的戏是他所拍，我装作没听到，故作他言。

回新后我向香港同事询问，果然他承认偷剪某部中国电视剧的片段，安插在自己片中，我骂他时，他还傻笑。

电视台里工作，甜酸苦辣事件太多，人生就是如戏。

日本人谈日本人

日本人谈日本，自然卖花说花香。作家竹田恒泰（还是明治天皇的玄孙）在网上评述日本人的特质，提出生为日本人应当庆幸，值得自傲。

根据BBC的调查，世界上最有影响力的国家，日本常名列前三名。日本人的护照一申请就给十年，由于各国对日本的信任，旅行者到处都可去（这点本国也不差）。地震期间，人民守望相助，奉公守法的现状，令外国人惊讶羡慕。

竹田恒泰又分析日本精神有数类：如尊重大自然万物，对山水花木崇拜保护，日本人吃饭前必说"itadakimasu"，中文勉强可译为受惠了，这是对米饭给予人生息的感恩。西方人认为上帝创造人来管理大自然，所以吃牛羊等都是人的权利。西方的神在宇宙外，日本人的神在万物。

原本亚当和夏娃在伊甸园里无忧无虑生活，他们偷吃禁果后，被上帝赶出乐园，从此人需工作自食其力，所以西方人视工作为上帝给予的处罚，他们不乐意做超时工作，分外的事也不管。西方人对员工视为零件，只看他效率结果表现，随时可以更换，员工跳槽越多，薪金越高。

日本人对工作全心尽力，是种自我快乐满足，是权利不是义务，公司对员工当为家属，从进公司就尽力培养，从事一个部门工作后再转换另一部门，使职员熟悉公司整体的运作，员工做超时工作毫无怨言，分外工作也肯做，觉得帮助他人也帮到公司是种幸福，跳槽越多，薪水减少。

日本年轻人最缺乏的是对历史的认知，明治维新后的历史，课本只是简略记载，这是战后美国司令总部所规定限制，凡有让日本人自傲的事迹，或对日皇尊重的所有内容一律删除。竹田恒泰又提到一宗特殊例子，竟有一名大学生不知美国和日本曾打过战，还白痴地问道最后是哪一国得胜！

最后竹田恒泰说：能使他国尊敬的国与民，并不是他有钱，而是人的优良素质。

有趣的禁忌和迷信

看日本电视剧其中有个情节：蛋糕店老板娘把一位讨厌的顾客赶跑，返回店里取出盐巴，撒在门口。我最爱看的大相扑，力士相斗国技前，必在圆环一处的盐盒里拿一大把盐巴，使劲撒在场里。这都是日本人的风俗迷信，认为盐巴可清除霉厄运。本地正宗日本餐馆门口外，也常见角落处摆有小碟，上面装了堆成小山形盐巴以去掉霉运。

本地的禁忌和迷信也不少，如：孕妇不可吃黄梨，以免流产；吃榴梿再同时喝酒会生病，还有人把榴梿放在烈酒中，说榴梿会变硬云云。最近有出日本电视节目，介绍禁忌和迷信，并加以解说，试列如下：

一、如枕边人夜里说梦话，绝不可以和他对答，不然他的魂魄回不了身。

二、路上巧遇灵柩车行过，要立刻把大拇指收握在其他四指中，免得死人魂魄进入大拇指。

三、深夜不可以剪脚趾甲，会对双亲不孝。

四、夜晚吹口哨，会引大蛇来访。

五、在郊外树林中，如撒尿在蚯蚓上，会使你的小鸡鸡痛肿。

六、每拔一根白发，会更增白发。

七、吃鳗鱼加梅干会肚痛。

八、吃天妇罗加西瓜，由于油水不融，会消化不良。

九、如跪坐太久，脚会麻痹，只要用手敲打额头，可减轻麻痹。

如果你们有日本朋友，问他们以上所述可真？

影坛往事

前些时候观看日本综艺节目，谈到几位演员和导演的趣事，摘记如下：

刚过世的大岛渚拍过几部好戏，在六十年代他依真人真事制作了一部《感官世界》，戏中女主角深爱其男人，在做爱中将他的阳具割下收藏。当时社会尚还保守，众人评他淫秽，他大声抗议道："淫猥并非大罪。"

问他当导演有何感想，他答："有许多金钱和人员可供使用，过瘾之极。"

晚年没戏可拍，为了金钱，他不惜降格亲身演出一出无品位的灭虫剂广告。

黑泽明的《罗生门》在威尼斯影展中曾得大奖，他拍戏从不理会他人死活，众人尊称他为影坛天皇。他最爱用三船敏郎当主角，当拍《蜘蛛巢城》时，有一幕是三船饰大将军，奋力在城外舞刀御敌，大导演竟叫射箭好手用真箭射他，只见三四十根飞箭，齐射中三船头肩周围的后木门上，他的惊恐表情，全是真情流露。

一次拍戏地点背景有新干线子弹快车经过，声音影响收音，大导命手下叫快车停驶，助导硬着头皮与国铁公司商量，没想到公司竟也震慑于大导，同意停车二十分钟让他拍摄。

他拍戏常突发奇想，隔日要拍一场战争戏，他指定要九百名群众演员，以前电影公司没有完善临时演员体制和利用电邮的方便，迫得手下四处通知亲朋好友，次日好不容易凑足六百人数，大导一看，觉得气势不足，生气走人不拍。

那个时期，胜新太郎因拍盲侠冒红，黑泽明首次邀他主演新戏，两位大牌在开戏第二天就发生冲突，事因太郎要他朋友利用小型摄像机拍摄他的演戏过程，大导一见喝止，太郎觉得无趣，立刻辞戏不演。

太郎还有一宗丑事，他入境夏威夷时，被搜出携带大麻，一时被拘扣留。事后他向记者说："从日本来时，忘了裤袋藏有大麻，以后不穿裤子就没事了！"

制作《天眼》个人杂感

《天眼》这出剧名是处长江龙先生给的,我觉得够威,也很切题,接受了他的指示。但可能取名太大,注定搞得我惨兮兮的,因为在拍摄期间发生太多不顺利的事:一如演员武打时受伤,日夜赶工,使得有些演员拿 MC(生病证明 medical certificate),下雨天又多,其他许多不便写出事件等,阻碍了制作进度及没法达到一些预期效果。

但想一想,我的工作不就是在解决困难吗?没有苦怎有乐?

这次是我第二次率队赴泰国拍外景,第一次是在一九八五年,拍摄《调色板》,虽时隔五年,但到各名胜地时,感觉有如昨日,真怪!

这次拍摄外景,极为顺利,八天都没遇上下雨,每天早上五时半起床,拍完回到酒店,已是八时多的夜晚。

我们拍到了活生生、大大的老虎,大大的鳄鱼,泰拳击,宫廷

上世纪80—90年代，制作了200多部电视剧，虽说好汉不言当年勇，但其中有几部属首创值得一记。

舞蹈，瀑布，苗族草棚，这些都是在新加坡找不到的景及动物（新加坡动物园虽有老虎，但哪可让我们拍和摸呢？就是准许，租金可贵了）。

还好我是潮州人，去曼谷可对了，有些拍摄地点的主人，我一以潮语商谈，都乐意免费供我们使用，因为他们是泰国华侨，都是"自己人"，帮广播局省了一大笔租借费。

新来的武指刘志豪，刚来上任，就接了我这出武打片，时间配合得太好了，在他的指导下，武打场面拍得有声有色，颇有新颖之意，不信，请看《天眼》！

这次能到泰国拍外景，多得泰航及名人旅行社属下"杰旅假期"的赞助，他们一切安排得极为妥善，尤其随队的 Miki 小姐帮了我们不少忙，在此记上一功。

由于八天都没下雨，天气热到三十八至四十摄氏度，所有工作人员都成了烤鸭，尤其我们其中一位摄影人员，何财顺老弟，鼻子晒得通红，皮都脱了。化妆师 Nacy，每天早上五点就要起床为演员化妆，是个好不易为的差事。

四种演戏的感情都尝过了。在泰国，喜的有：这次工作人员任劳任怨，互相帮忙，把集体合作精神表现得太好了；怒的有：在某处拍摄时，竟有人故意阻碍，以讨钱作为威胁，幸后来终于顺利解决；哀的有：我喝了极辣的"酸辣汤"，泻肚半晚，亏有曾皓文的"神仙丹"，救了我一命；乐的有：潘恩点菜炒牛肉，来的是一碟炒饭。甚至还有惊险一幕，淑韵自困旅行车内厕所半小时等等。

为了争取拍摄时间，我有时和导演曾皓文各带一位摄影师分头拍摄。那一天我拍国平和淑韵骑大象，是拍一小段两人相恋共游的戏，他们一边骑一边玩乐，其实那象背的毛又硬又长又尖，两人下来时，直喊屁股好痛，在此我说声对不起。

从泰国拍外景回来，第二天上班，有生以来我竟首次累得在办公室里倒下睡去。

希望老"天"有"眼"，《天眼》会有好收视率。读者们，一九九〇年十月十七日九时三十分，别忘了扭开第八波道收看啊！

寻食·寻根

这次为了筹备大型电视剧《潮洲家族》，第一次到潮汕看景及收集创作资料。

谊妹蓉子小姐在潮汕跑了十一个年头，她人面广、地头熟，这次亏得她带路，得到不少方便，也吃了不少美食，令我得益不浅。

潮州菜举国闻名，色、香、味俱全，花样多，又精致可口，在八天内，我共吃了六七十样不同的佳肴，以下所列的，都是令我留下深刻印象的好菜，目的并不是要夸耀我的口福，而是让潮籍读者（及未曾去过潮汕的人）认识一些本籍"吃的文化"——

春菜煲、芋头鱼汤、蛇皮小卷及蛇肉火锅、茨实煲、扇螺、茨壳粿、竹笙汤、炸鹧鸪、小蚬、水鸭冬虫草汤、丝瓜烙、蚝煎（与本地不同）、糖衣红番薯、鹅皇肠、薄壳、日月蚬、金针花、菜脯炒粿条、鸡爪贝、响螺、九头鲍鱼……

但，我们常点的都是些精细的，新加坡吃不到的"小食"，随去的司机师傅，吃惯大鱼大肉（在中国，司机一起吃饭），见我们所点没有鱼翅，不禁有些愠色。

在路旁的牛肉面与牛肉丸，更是可口，几天吃下来，餐餐好吃，舌头差点都被吃掉，肚皮也快胀爆！

我在南洋土生土长，第一次到达金石镇——爸爸的老家，一看老家并不太大，石门栏上刻有"御侍之第"四字，后来才知我的祖先曾陪皇帝打过猎而得此封号。我在门口的石阶坐一坐，又坐在井旁、房内、院子、后巷拍了不少照，想起以前老爸曾在此处，度过不少青春岁月，感觉有点奇异。

后来到了西湖，拜访舅舅，在车上看到表弟表妹四人早站在大路旁等我，我忙下车与他们握手，手一接触，眼睛竟湿了起来。再走到家中，见到舅舅舅妈等十多位亲人，眼泪又不禁涌起。

我活了四十多年，这回才深深体会到什么叫血缘，什么叫亲情！

蔡 芸

父女缘

人们常说：女儿是一个男人的前世情人。我，百分百是父亲的前世情人，也是唯一的一个。这辈子的父女缘，像是前世今生的相约，如今每次回忆起与父亲一起度过的三十五载岁月，总是很感恩自己能够在千家万户中，有这份缘成为这个男人的掌上明珠。

我的父亲蔡丹，认识他的人都知道他长得胖胖壮壮的，但是根据祖母说，他出世时十分瘦小，是一个早产儿，因此祖父为他改名为"丹"（小小粒的意思）。在我们孩子的眼中，他却是一座山，可以依靠、巍峨的山，是个对孩子永远凶不起来的父亲。在家里，他永远扮演着"白脸"（潮州人的"白脸"是善良的好人）的角色：和蔼可亲、深明大义，是任何时候都会为子女挡风遮雨的那种父亲。记忆中，不曾记得他有打骂过我们，常常只有语重心长的教导和假装生气时嘟起嘴和脸色一沉的样子，当年还是孩童的我和哥哥，从

蔡丹和女儿蔡芸这辈子的父女缘，像是前世今生的相约。（摄于 1966 年）

来都不曾害怕过父亲会用藤条来教训我们顽皮或做错事。

小时候的我,最喜欢依偎在父亲的怀里撒娇,也常在爸爸小睡休息时,把头枕在他的大肚腩上陪他一起睡。

母亲常说,明明肚里怀着我,父亲说希望这一胎又是一个儿子,因为潮洲人喜欢儿子。可是我出世之后,父亲总是疼爱我多些,说是女儿他日嫁人后怕没人疼,所以要疼爱我多一点。

或许是前世的缘份吧,只要爸爸在家,我总爱黏着他,比起哥哥,我和爸爸亲近得多。我总觉得自己的思维、性格、处世待人的作风深受父亲的影响。

虽然父亲离世多年,但是这份父女情还是那么的刻骨铭心,几度午夜梦回,父亲的叮咛和慈祥的样貌,总是一遍又一遍地出现在我的梦里。

我的童年是在加东公园对面一条小路的洋房中度过的。当年每天最期待的事,就是等爸爸下班回家,带着我和哥哥到加东公园去散步和看大海。那时的加东公园后方,还没有填海建造东海岸高速公路(ECP),还是一大片沙滩和大海。爸爸常带着哥哥和我到沙滩去拾贝壳,有时还会走到由许多大石块堆砌成的防浪堤隙缝中抓小螃蟹。在那个没有电脑、Iphone、Ipad 的年代,大自然的一些景和物都是能够满足我们孩子好奇心的玩具,而且是免费的!

记忆中,父亲收集给我们的玩具有:从相思树下捡到的红彤彤相思豆、家门外一棵橡树掉落下来的褐色橡皮具籽、吃完棒冰后洗干净的冰棒子,还有从邮寄到家中的信件封套上撕下的邮票等等。

母亲常说,怀着我的时候,父亲说希望这一胎又是儿子,因为潮洲人喜欢儿子。可是我出世之后,父亲总是疼爱我多些,说是女儿他日嫁人后怕没人疼,所以要疼爱我多一点。(摄于1963年)

他还会亲手抓来一些小生物，装在一些用过但洗干净的果酱玻璃罐子里，让我们认识什么是生物和昆虫的世界。可是这些小生物只能眼看手勿动，例如：海边防浪堤里抓来的小螃蟹，从家门外篱笆上的爬藤植物丛里抓来的瓢虫和无毒小蜘蛛，还有花园的土壤泥巴里挖到的肥蚯蚓等等。

我虽然是个女孩，但是父亲从不阻止我做一些男孩常做的顽皮事。例如：我会和邻家孩子比赛爬家门外的一棵小矮树，也不怕用手去抓蟑螂或蚯蚓，还常在下过雨后徒手去抓爬在花园地砖上的蜗牛。

母亲常对父亲抱怨说我像野孩子，也会因为和哥哥比赛，看谁拥有的宝物多而吵架，气不过时还会大打出手。当家里的长辈们都一致地认为是我在欺负哥哥的时候，为了平息风波，父亲也会叉着腰，摆出一副生气和在教训我的样子。但是在母亲和祖父母们看不到的视线范围里，父亲转个头又会嘟着嘴给我一个无奈的笑容。他，就是用这种方式来维护我，宠爱我。爸爸常说我是个吃软不吃硬的孩子，用藤鞭管教无效，所以当他苦着脸开始说教时，我已泪流满面地知错了。

爸爸和我都是馋嘴之人。

六十年代的加东公园入口处，每到傍晚，有一位踏着改装三轮车卖啰惹（Rojak）的流动小贩在那里兜生意。爸爸每次会买一包六角钱的啰惹给我们。啰惹是马来人的小吃，可是卖啰惹的小贩多是华人。他们用印尼人制造的虾膏、糖、花生碎来搅拌用炭火烤得香脆的油条、豆卜、黄瓜、沙葛等材料。有时敌不过小贩用炭火烤的鱿鱼干香味，爸爸也会多给四角钱加上一片片薄薄脆脆、烤得极香的鱿鱼干，蘸着啰嗦的虾膏一起吃。这种简单的路边小吃，是我们父女解馋的绝佳美食。哥哥倒是不怎么爱吃，觉得那黑黑的虾膏味道腥腥怪怪的，都是爸爸和我吃个精光。

现今社会的食物都讲求卫生，许多小贩中心或食阁的啰嗦，再也找不回当年儿时记忆中的那个味道。我想，那个味道除了是小贩的用心、不偷工减料的因素之外，还有我和爸爸一起抢着用牙签你一口，我一口，吃得津津有味的回忆吧！

高中毕业后决定到日本留学，爸妈送我到住在东京的吉田先生家里去寄宿。那是我第一次离家，当然父母亲有许多的不舍，可是他们也明白是时候放手，让儿女去独自面对世界，独立解决生活难题了。

十九岁的我，生平第一次感受到父亲流下了男儿泪。当我们在新宿车站道别时，父亲没多说什么，也没给我一个拥抱，只是眼眶泛红，他转过身子离开时，或许豆大的泪水已落下。那个年代，我们的父母极少会对儿女说：I Love You，或是给一个肯定的拥抱。但是那一份情感，不需要说出口也能体会到，而且是会永恒地烙印在我们的心里。

一九九四年，我的女儿出世了，她代替了我，成为我父亲的小小情人。爸爸看着小娃儿的眼神，似乎看到了儿时的我。父亲为了逗正蹒跚学步的小外孙女给他抱抱，每天总会带些小糖果来我家看

1994年,女儿余依莅出世了,她代替了我,成为父亲的小小情人。(摄于1996年)

她。可是我们这一代的育儿专家都不建议让三岁以下的孩童吃糖果，结果我家的糖果是堆积如山，足以开间小型的糖果店。

可惜的是这份祖孙情只维系了四年，父亲因为糖尿病而影响到肾衰竭。他每个星期需要洗肾三次，我成为了他的私人助理和司机。陪伴着父亲人生最后的一段时间是最痛苦的，看着他身体逐渐地衰弱，我却无法代替他承受精神上和肉体上的痛楚。唯一能做的就是每个星期开车，载他到小贩中心和父亲的老同学、老朋友们聚会话家常，这是父亲晚年最喜欢和期待的活动之一。

父亲为人亲切不摆架子，为了朋友可以两肋插刀，只要他能力范围做得到的事情，从不会拒绝帮忙。父亲对人对事的那份真心，是影响我最深的。

在那一段日子里，因为父亲每次洗肾都要花上几个小时，我陪在他的身边，比平日有多些机会和他说说话。他也许知道自己的时日不多，最让他放心不下的人是母亲。因为哥哥长居美国，所以父亲常说："芸啊，多照顾你母亲，有再多的误会和委屈，再难过的指责也要忍耐，你的责任是对母亲不离不弃，照顾她到终老！"爸爸的嘱咐，我至今没忘。

一九九八年八月二十一日，父亲因为肾衰竭而引发心脏疾病和肺炎在中央医院逝世，享年六十五岁。对我来说，父亲走得太早了。

父亲一生侍双亲至孝，对姐弟也重情重义，对妻子和子女来说，更是一位好丈夫和负责任的父亲，对待亲戚朋友更加亲如手足。

他这一生，活得光明磊落、坦坦荡荡、问心无愧。就在他卸下

左起：蔡丹女婿余光正、太太黄兆贞、女儿蔡芸、外孙女余依苡、蔡丹。（摄于1996年）

了工作，能够安享晚年、含饴弄孙时，只可惜体弱和病魔缠身。老天爷要他那么早离开，他该有多么的不甘心啊！

　　这几天阅读一篇文章，深深地体会到什么是"万物终逝，唯情在"。是的，这份缘已逝，但是父女之情将会伴随我一生，因为，我是蔡丹唯一的女儿！

忆祖父——蔡文玄

我的祖父蔡文玄（笔名：柳北岸）是个创作颇多的文人。

在我十岁之前，我和祖父母、爸、妈和哥哥住在加东公园对面一条小路的洋房里。那条小路早期没有路牌，因为小路的路口第一间洋房是30号，所以接下来的房子都依序变成30A号、30B号、30C号。我的童年就是在30E号洋房中度过的。

在这所古老的洋房里，我有许多和祖父母一同生活过的美好回忆。其中记忆最深刻的，是祖父把洋房一楼的一间房间改成他的书房，墙上挂着写上"书斋"二字的画框。那个房间不大，其中的一面墙是几扇向外推开的窗户，其他三面墙皆是比大人们的头更高的书架，里面的藏书，少说也有四五千本。其中以早期邵氏公司开拍的电影剧本居多。其他的书籍有古今中外的文学、历史、长短篇小说、诗词书画等等，那些书都是祖父买回来的收藏，看上去俨如一

祖父母。

个小型的图书馆。

祖父有一张长方形的书桌，桌上摆着大大小小的毛笔、墨水和墨砚，还有一个大圆筒里插着一卷卷的宣纸。

年幼的我，最喜欢到这个书斋里玩，我特别喜欢闻着那墨水和宣纸的味道，还有书本散发出来的一种莫名书香味，唉，非笔墨能形容。

可是对祖父母来说，最怕我和哥哥把书本拿出来后，乱放到不同的书架上，看到我们爬上书桌又怕我们乱动，弄坏了文房四宝。总之，这个书房在我们五岁以前都是禁区。我们小孩哪管得了什么禁区不禁区，只要长辈都不在时，我和哥哥总喜欢溜进去玩。玩累了就躺在祖父看书时所用的帆布椅上，还常常不自觉地睡去。

在我幼小的记忆中，只要祖父不外出，他几乎每天都花很长的时间待在这个书斋中。他常常都是在书写东西或是静静地阅读。我长大后才知道，原来他是在创作散文、诗歌，有时还会作画和写草书，连马来语的电影剧本也写过呢！

祖父早年从汕头到南洋谋生，是个思想十分传统的潮州人。哥哥和我是他的长孙、长孙女，我们都称呼他"阿公"。他是十分疼爱我们的，可是在那个年代，长辈们都不会把自己的感情表现出来，你只能从他们的言语、打或骂中感受到那份温情。

儿时从祖父的责骂中学会的潮州话词语有：做呢（为什么的意思），还有就是：呒哩（没有哇的意思）。这是因为小时候常常做一些顽皮的事，例如拿了祖父的眼镜去玩，他就会大声问我们：做

长孙蔡宁和长孙女蔡芸,都称呼祖父蔡文玄"阿公"。(摄于1965年)

祖父的养生之道"扫地斯文",打扫家居四周环境,深受邻居们称赞。

祖父蔡文玄和长孙女蔡芸。(摄于1964年)

呢（为什么拿我的眼镜去玩，有没有）？而我们的回答永远是：呒哩（没有哇）。祖父更加生气时，还会加上一句不是真心的责骂：噜死（好生气的意思）！

现在的人在遇到路霸或者一些驾驶者蛮不讲道理的行为时，总会用新加坡式的讽刺口吻说："你以为这是你阿公的路啊？"

其实，在六十年代，祖父为了锻炼身体，多做运动，除了每天清晨到加东公园里快步走和练气功，也会拿起扫把，戴着草帽去把家门前那条小路的落叶扫干净。他从街头扫到街尾，左左右右地扫，不只扫自家门前的垃圾，也把其他六七家邻居门前的落叶扫完一遍又一遍。不认识他的人都以为这个清洁工人很尽责，扫得好用心。所以，邻居们都十分感激阿公的这个举动，还称赞说那条早期没路牌的路，是属于阿公的呢！对于孩童的我来说，还真的认为有这么一条我阿公的路。

祖父的言行举止为我们树立了好榜样，他待人亲切不计较，对人默默地付出不求回报，在现今金钱挂帅、样样讲求名利回报的社会里，已属稀有罕见难得！

记得在我小学三年级时，学校举行了一次小学生写作比赛，学生们可以自由选写散文或诗歌，得奖的学生除了给予奖状表扬，还可以把作品交由校方编集，印刷成散文诗歌集去筹款，义卖捐助慈善。当年的我也想学祖父写诗，拼了命写了几首呈交上去，没想到竟然还有两首中选。

当我把诗歌集拿给阿公看时，他开心地笑了，那两首简单的诗，他却看了许久然后对我说:"蔡家出了会写东西的第三代,要多写,你是拿笔的料!"九岁的我听不懂祖父的话是夸或是贬,只知道日后升上中学和高中后,我还是选修了文学,年年提笔热爱写作。年少的我,还真的变成文艺青年,可能受祖父的影响吧?

一九九五年一月六日,阿公在他九十一岁生日那天寿终正寝。

身为孙辈的长孙女,今日提笔忆祖父,除了表达对阿公的深切思念,也想让他知道,无论是阿公为人正直的高尚品格,或是他对文艺创作的执着热爱,我们都会传承下去。永远怀念您,阿公!

我的祖母——洪芳娉

我的祖母——洪芳娉，是个典型刻苦耐劳、节俭淳朴的潮州妇女。

早年和祖父蔡文玄从汕头漂洋过海来南洋谋生，经过第二次世界大战和日据时代的苦日子，她的坚强、勇敢和不屈不挠的性格，和祖父携手一步一步地改善了贫苦生活，同时教育四个孩子更加团结一致，手足情深，不分彼此。

在我三四岁的记忆里，因为早年父母外出工作，家里除了帮佣的大婶，祖母是我和哥哥最亲近的人。祖母每天早上坐在餐桌前看报纸，餐桌上总会有一杯她最爱喝的南洋咖啡乌（新马一带把无奶但加糖的咖啡称之 KOPI-O，咖啡乌）。我跑过去叫一声：阿嬷，她会把我抱在怀里一起看报纸，还会压低声音叫我不许吵闹，怕我影响到阿公看书的兴致。

有时天气晴朗，祖母也会抱我到家门前的小花园，看她和阿公

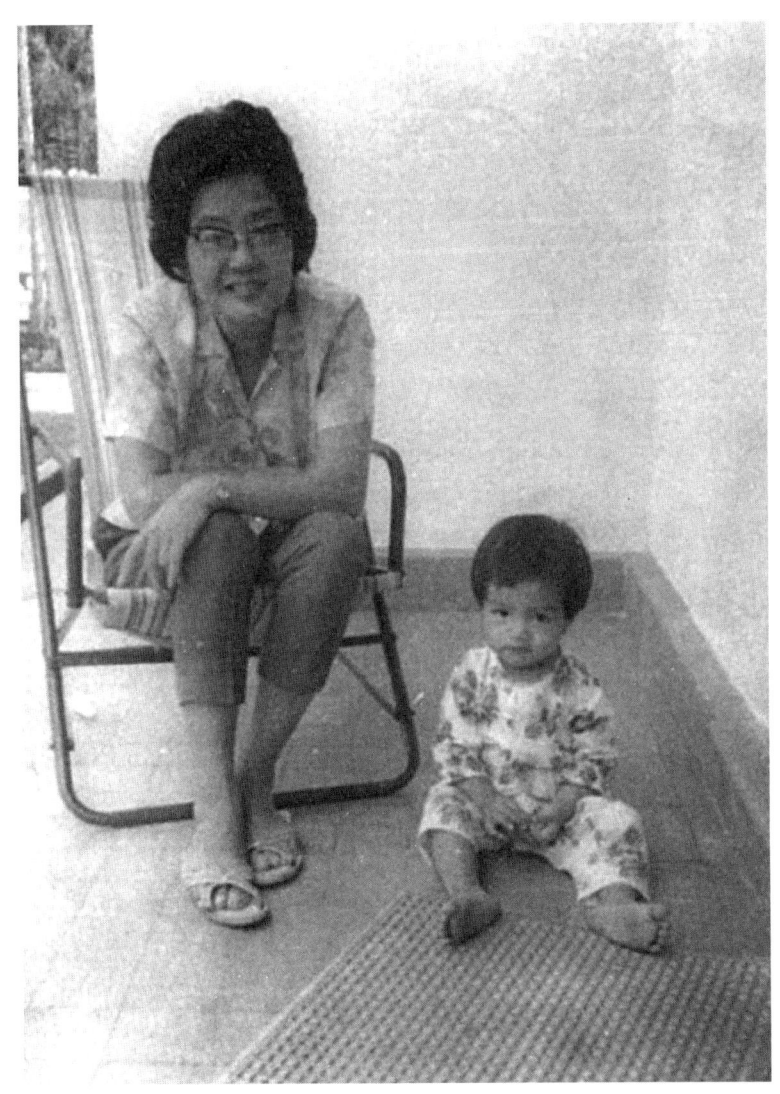

祖母洪芳娉和长孙女蔡芸。(摄于1964年)
在蔡芸的记忆里,早年父母外出工作,家里除了帮佣的大婶,祖母是她和哥哥最亲近的人。

一同辛苦栽培的胡姬花。一盆盆的胡姬花用黑木炭培植，有一两棵已经长出花蕾，另一些只是青绿色的长形叶子，都是用粗铁丝绑着有许多排水洞口的花盆吊在棚架上。有时小鸟会叼来小树枝在这些花盆里筑巢，祖父母都不介意也不去清除，过不了多久我们还可以在花盆的鸟巢里找到小鸟蛋。

祖母常告诉父亲，我会讲的词汇不多，可是看到新奇的东西都会咿咿呀呀地比手划脚说个不停，日后一定是个伶牙俐齿的丫头。因此我有个潮州小名叫"绞牙妹"。

祖母烧得一手好菜，最让家人怀念的一道潮菜，是她做的酱油腌渍螃蟹。每次祖母做这道菜时，我一定围着看祖母洗螃蟹和支解那些垂死挣扎的小东西。当下觉得祖母十分勇敢，只见她用刷子快速地清洗那些张着利爪的家伙，接着手起刀下，三两下子就把螃蟹用大菜刀劈开几段，中间还有黄澄澄的蟹膏流出呢！切开后的螃蟹不需要烹煮，只需把它们浸泡在酱油、花雕酒、蒜头、红辣椒里一两天就能吃。我虽然没机会吃过祖母亲手做的这道菜，但是看到长辈们吃得津津有味的样子，就知道味道应该有多鲜美好吃。现今人们讲求食物卫生，害怕高胆固醇，许多潮州菜馆已不做这道菜，做法看似简单，但相信已快失传。

阿嬷还会做一些潮州传统的"粿"。她做的笋粿和韭菜粿皮薄馅多，吃过的人都赞好。

阿嬷的笋粿馅料是用真正的冬笋切丝做成，并不是像现今人们多用沙葛代替。从擀面皮到炒馅料，阿嬷从不假手于人。每当阿嬷

家中的庭院，盛放着祖父和祖母一同辛苦栽培的胡姬花。

要做粿时，家里的厨房和餐桌前就会热闹起来，母亲和婶婶都会来帮忙"包"粿。而我们小孩子必定会参与，拿一团面粉皮揉捏成水果或动物的不同造型，可以玩上一整天。

有一年，阿公在加东公园晨运时认识的一班好朋友要到家中做客，阿嬷就决定弄个"粿宴"来招待客人。客人来的前一天，她从早忙到晚，包了笋粿、韭菜粿、芋头粿等等。当年电冰箱还没普及，并不是家家户户都有能力拥有，多数人都会把隔夜菜或煮好的食物，放进一个四面用绿色窗纱布框着的木框橱里，隔天再弄热吃。也许因为空气流通和食物放在阴凉的环境没变质，我们吃了多年的隔夜饭菜也没食物中毒。阿嬷把做好的粿都收进木框橱里，放眼望去，三十几个白胖胖胀鼓鼓的粿，躺在铁盘子里整整齐齐地排列着。

到了第二天一早，阿嬷打开木框橱一看，不得了，不见了十多个！她气得暴跳如雷，把全家人都叫醒，逐一地问：是谁偷吃了？首当其冲被审问的是父亲蔡丹，因为他是家里被公认为最馋嘴的一个。可是父亲对天发誓说没吃，家里的每一个人都说没碰过。

阿嬷急得快哭了，怎么办？客人快来了，拿什么来招待？粿的数量不够呢。没法子之下，父母亲唯有冲到家附近的巴刹（菜市场）去买鱼、肉、菜回来烹煮招待客人。

由于没有人承认动过那些粿，祖母心有不甘，决定把一些粿继续留在木框橱里，当晚再静观其变。凌晨时分，祖母起床要到厨房巡视，还没亮灯就听到碗盘被翻动的声音。

祖父母抱着哥哥和我,后排左起:姑姑蔡亮、姑丈黄德炎、爸妈和小叔蔡萱(二叔蔡澜当时在日本留学)。(摄于1964年)

亮灯一看，差点吓破胆，几只肥大的老鼠四处乱窜，还有两只忙着搬笋粿呢！天亮后再仔细搜查，发现其他的橱顶有残留着的笋粿、韭菜粿馅料。

真相大白，原来老鼠的力量还真不可忽视，阿嬷做的粿体积有成年人的手掌般大，重约六十克，它们竟然有能力从纱布框的破洞口，钻进钻出搬运到其他的橱顶上享用，搬运的过程中还没在地上留下任何痕迹。佩服！佩服！

直到今时今日，每当我们家族成员有聚会说起往事，这段老鼠偷粿的回忆一定少不了。这也足以证明阿嬷做的粿是多么的皮嫩馅香，连老鼠都在流着口水，虎视眈眈地觊觎着呢！

阿嬷的晚年和三叔蔡萱一家生活在一起，是一个可爱的老人家。阿公过世之后，阿嬷变得懵懵懂懂，常常沉默寡言，有时一整天都不说一句话。每次我们家人问她是否认得我们是谁时，她都回答："认得，认得。"那我们是谁呢？阿嬷总是笑笑地说："我为什么要告诉你？我自己知道就好。"好聪明的答案，你永远也不会知道她到底在想什么。

阿嬷年轻时常常会和朋友打麻将，牌技听说有两下子。她的脑退化后，有一次堂弟蔡华尝试让阿嬷打麻将，想让她练练脑力。没想到认不出亲人、平日话不多、安安静静的阿嬷还可以小赢几个小辈，真让人跌破眼镜！

二〇〇八年二月二十八日，当大家还在睡梦中，九十八岁高龄的阿嬷选择在一大清早走完她的人生，阿嬷的一生，从贫苦、漂泊、战乱到克勤克俭的安逸日子得来实在不易。她却从不言苦，从容坚强地面对。离开我们时，阿嬷也走得很潇洒，挥一挥衣袖，不带走一片云彩。

附　录

谈诗论艺·文采风流

——诗人柳北岸先生

甄 供

柳北岸先生是新加坡著名诗人之一。去年四月间的造访，是我与诗人第二次的会晤。那是下午时分，当我们抵达柳北岸先生府上时，柳北岸先生及其夫人出来迎接。柳北岸先生虽然年届八十高龄，但却精神奕奕，谈笑风生，豪情不减。访谈和叙话，费去将近两个多小时，但柳北岸先生却毫无倦意，尤其是谈及他今后的写作计划时，他的兴致尤高，不时发出爽朗的笑声。

诗人柳北岸，原名蔡文玄，一九〇五年生于中国广东潮安。在中国时，曾任职于新闻界和教育界，已有良好的表现。一九三七年南来，定居新加坡，在邵氏机构服务，现已退休。他写新诗，也写散文、小说和电影剧本，已出版的作品，计有：诗集《十二城之旅》《梦土》《旅心》《无色的虹》等。除"柳北岸"这个笔名之外,他尚有其他常用的笔名:杨堤、秦西门、白芷、朱贝等。

柳北岸先生以旅游诗蜚声文坛,他的诗作,讲究格律、音韵和修辞,结构严谨,排列整齐,这大约是受了古诗词的影响而有以致之吧。诗人的旅游之作,一般上都能将异国的山水人物鲜明地绘描下来,这是诗人的特点。

下面的文字,是笔者根据访谈录音整理出来的。刊布之前,未经柳北岸先生审阅,所以,文中一切欠缺,概由笔者负责。

在这项访谈中,柳北岸先生谈论到他对诗歌的一些看法,颇具独特的见解,可供年青诗人参考之用。更难能可贵的是,诗人柳北岸先生敢于否定自己。环顾文坛,肯定自己的诗人或作家,比比皆是,但敢于否定自己的,除柳北岸先生之外,还有谁呢?

——甄供谨识

甄　供:是什么动机引起您对诗歌产生兴趣,从而进行诗歌创作呢?

柳北岸:在中国时,我原本是研究古体诗的,但看了之后,发觉里面并没有什么好的东西。后来转而注意新诗,对五四以后的诗歌,我非常注意,阅读了一些,但却没有想到要创作。后来我到了香港,那时戴望舒也来到香港,我随便写了一首诗,拿去报刊发表,他看了之后,便对我说:"你这首诗,行呀!你可以继续写下去呀!"

我想，我的诗的确和别的诗人的作品不同，因为我受旧诗影响很大，所以我的新诗，仍受诗韵所约束。由于受到戴望舒先生的鼓励，我便继续写诗，那就是：《泥土》《卖花郎》，发表在香港《星岛》刊物上。戴望舒看了，觉得我有写诗的潜能，可以继续写，可以成为诗人，他说我的诗与闻一多的诗的风格相似，和中国普通的诗人的作品不同。……

甄　供（插言）：请问《泥土》和《卖花郎》这两首诗发表的日期，大约在什么时候？

柳北岸: 我不大记得，大约是第二次世界大战爆发之前吧。……经戴望舒先生一讲，我便不敢再写了。原因是那时我偏重文史书籍的研读，对中国新文学特别是诗歌方面，我研究不多。后来我到澳洲等地旅行，各国的风土人情、景物，使我有很多感触，我又开始写诗。一写，就写了一大堆，但没想到要发表，搁在一边。有一天，李星可到我服务的公司来找我聊天，看到桌面有一大叠文稿，便问我是什么东西？我说我在学习写诗嘛。他看了之后，说是很好，要拿去发表，于是我的新诗便在《星洲日报》副刊连续刊布。作品发表了之后，一位香港出版商愿意为我出版，于是我便略加整理，交了给他。香港作家徐訏看过书稿，为我作了一篇序，这便是《十二城之旅》。

后来，我到日本工作。在那里，星期一至星期五是工作日，星期六和星期天是休息日，由于我有车子，空闲的时候便到处游玩，因而引发我的诗兴，写了一大堆诗稿，后来收集成为《梦土》和《旅心》两部诗集,也是由香港的朋友替我出版。这两本作品出版之后,销路很好,东南亚各地都有代售,再版之后,还是销完,后来,《梦土》和《旅心》合成一本《雪泥》面市。但我自己进行一番省察,觉得自己没有突破,仍然停留在原来的地方,所以我对我的作品,越看就越讨厌,不写了。

但是,后来有朋友前来索稿,我又重新握笔,在十天之内写了一首长篇叙事诗,叫作《无色的虹》。出版时,却少了四百多行。……我这部作品的规格,有点像说书。……我在创作时,如果感到不满意,我就把它丢掉,不再保存下来,有三四本诗集就是这样被丢掉。上述种种,大约可以说是我从事写作的经过。我可以随时写,但写得好不好,没有十分把握,我想,应该像郭沫若所说的那样:要拿去烧掉。我大约有二百多首诗没有发表,也没有出版,因为我自知没有进步,也没有突破,只好留起来。我由于年龄关系,记忆衰退,从去年到现在,没有写过一首诗。

我没有什么创作经验,如果是有的话,它的历程却和一般写作人的一样。我年轻时,在汕头一家报章当副刊编辑,当时的撰稿者来自中国各地,远至东北的作家,也常有稿件寄来,所以这个副刊办得有声有色。这批作者,后来成为著名作家的,有:吴其敏、白警、叶冠复(现身在新加坡)、铁抗(郑卓群)等人。还有些著名的作家,由于种种因素,我不便披露他们的名字。那时,我当副刊编辑,的确是不会写作,但是,读别人的稿子多了,加上自己的进修,便引发我对文艺写作的兴趣,开始从事创作了。姚紫编《南洋商报》副刊时,他知道我对铁抗相当了解,便叫我写一篇有关铁抗生平事迹的文章。在这篇文章里面,我只略写了铁抗生活中某些细节,诸如恋爱问题等等。现在我觉得它不是一篇严肃的文章。但是,我却因此而改写杂文和其他样式的作品。

甄　供: 您刚才谈到您编过文艺副刊,请问它的刊名叫作什么?

柳北岸: 叫作《活地》。这副刊的命名的经过,很有趣味:当时几个朋友聚在一起,拿起一本字典,随便一翻,就翻到"活"和"地"这两个字。正由于有《活地》这个副刊,使我这个不会写文章的人懂得欣赏文章,知道什么是好文章,什么是坏文章,而自己也懂写起文章来了。当时黎烈文在上海编《申报》的《自由谈》,很吸引人,于是我向他学习,在排版方面,我参考《自由谈》的样式,然后自己另行变化。我学过美术,时常替别人设计封面,知道怎样编排才算是美观。所以,我编的副刊,在排列的样式上,还算不错,别人也说不错。除了《自由谈》之外,我也参考《大公报》等其他报刊的编排方法,从而改进自己的缺点。

甄　供: 柳北岸先生,刚才您谈到长篇叙事诗《无色的虹》,请问长篇叙事诗的创作和普通诗作的创作,有何不同?

柳北岸: 完全不同。因为中国过去很少有长篇叙事诗的出版,可以参考的很少。在创作之前,我曾研究艾青、田间等著名诗人的作品,但我却不满意他们的写法,我有自己的一套,就这样写起来。我刚才已经讲过,我对这部诗不满意,原因是我本意想挖贫穷的根,但在这部诗作里,我却找不到贫穷的根,这就成为没有主题的作品,

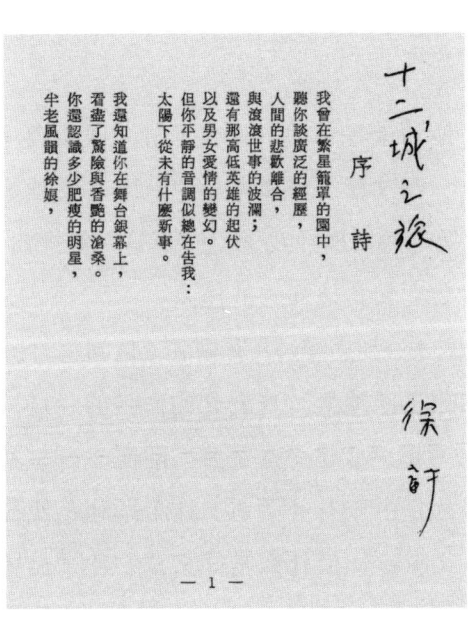

香港作家徐訏，为《十二城之旅》作序。

我感到非常难过。将来如有机会，我要把它重新改写，直到自己满意为止。

甄　供：对于新加坡诗坛状况，您有什么看法？

柳北岸：现在写诗的人很多，花花绿绿的很多，有成就的也不少。但是，我对青年人学写朦胧诗有意见，我觉得这危险性很大，因为根基不深，就去写这类诗作，必然会走火入魔，变坏掉了。我不太赞成这种做法。一个诗人，扎稳根基是非常重要的，等到你有这种本领，你才去做这类诗还不迟。在中国大陆，所谓朦胧诗写得好的也不少，但他们不能接受。反而对台湾出现这类诗作，还比较能接受。他们在评述台湾诗坛时，时常说谁又怎样，谁又像谁……如此等等。我以为，写诗的人，一定要有自己的生活，要有自己所感触的东西，才能写好诗，模仿和跟风，都是不实际的。风花雪月之类的吟哦，更不需去讲述了。

甄　供：在诗歌创作方面，你赞同"横的移植"（即形式的模仿和改造）吗？

柳北岸：我读过不少外国的诗作。但我始终认为，在科学方面，我们可以"移植"，但在文化方面，却是不可以"移植"。我对于全盘西化，不敢苟同。我觉得，我们的诗歌，过去已有很大的成就，我们可以从中学习到很多有益的东西，为什么要一味向外国人学习呢？我们华族诗歌的发展，已有数千年历史，那时外国人还不会写诗。我们有杜甫、李白、白居易等著名诗人的作品，外国人都公认他们的成就和在诗坛的地位。日本文艺界对中国诗坛非常注意，他们向这方面学习。总之,我认为全盘西化、模仿、跟风,都是没有必要。你要写诗,你可以用你的方式表现出来,如果你能掌握到艺术技巧,你可以写得像古人的那样好。我看到台湾诗歌界,有些诗人还在其大作中加入一些英文字,以显得与众不同,其实是弄巧成拙。你想,如果有人不懂得英文,他怎样理解你在讲什么?许多人都说钱锺书是中国最有名的作家,他的《围城》更是突出,我同意这种说法,所以这部作品我看了好几遍。但是,在这部作品中,他不管别人懂或者不懂,却随意放了一些英文进去。你想,不懂英文的人,可以读完这部书吗?

新加坡诗坛具有这样的看法的诗人不少,当然有成就的也不少,但是他们不常写。如果常写,情况就会两样。现在的诗人,很多人把写好的诗,冠上"无题"两字,其实这是对"无题"两字的滥用。中国古典诗歌中的"无题",是有含义,并不是随意写上去的。

甄　供:请问您有什么写作计划?

柳北岸:很难讲。不过,我有这样的构思,那就是:把五十年来我在新加坡的情况作为题材,写成一部长篇小说,内容大部分是写一个老人的悲哀,从这老人不幸的遭遇来反映新加坡社会风气的改变,伦理观念的蜕变以至淡薄——五十年代至八十年代以来几代的变化。书中的人物,各有不同的遭遇,有的经过奋斗,成功了;有的失败了;有的历尽沧桑,一无所成……。冰心的《母亲》、朱自清的《背影》,都是写伦理问题,使人留下深刻印象。我这部小说,也想从这个问题着手,我曾经进行过调查和搜集资料,想从新

1989年,蔡文玄摄于书房中。

加坡发达的典型人物，考察他们如何发达起来，如何又衰下去，为什么富贵不过三代……小说主要刻画的是人性。

还有，我曾经有这样的计划，准备在退休后，写一部伊斯兰教研究的著作。我想，新加坡周围的国家，大部分是伊斯兰教国家，认识伊斯兰教的真谛，对于与邻国和睦相处，实在是大有裨助的。所以，我想从穆罕默德诞生写起，间中铺叙教主经历几许曲折和挫折，最后写到伊斯兰教的创立。但是，写来写去，终于完成了七八万字的书稿后，我觉得这种写法太枯燥，便停顿下来。今后如有时间和精神，才再续写。

甄　供：在诗歌创作方面，您有什么计划没有？

柳北岸：没有什么计划。我想，如果我的精神还好的话，我可能把过去所写的全部推翻，重新改写。但是，到目前为止，我还没有着手去做。目前，我每天在看书，时间就花在这方面：一天之中，有时是三个小时，有时是六个小时，同时做点读书笔记之类。我刚才不是跟你讲过么？我年事已高，记忆力衰退，不这样做就不行，什么都会忘记掉。

《联合早报》1984年2月13日

记蔡澜的父亲、诗人柳北岸

潘耀明

月前,香港城市大学艺廊展出我收藏的现代文人字画,我在整理文化人书信时,发现有多封蔡澜的父亲——蔡文玄先生的信札。蔡先生的信谈到不少关于郁达夫在新加坡的行迹,不乏少人闻问的资料。

蔡文玄先生是邵氏影业公司新加坡分公司的经理,业余写诗、作文,笔名柳北岸。七八十年代我读过不少以柳北岸为笔名发表的新诗和文章,大都在新加坡《南洋商报》《星洲日报》刊载过的。我当时也偶尔给《南商》和《星洲》写稿。那个年代,《南洋商报》及《星洲日报》都是销路颇广、口碑甚佳的大报,两报都拨出较大篇幅做文艺副刊,名家荟萃。

柳北岸的诗,较工整,重押韵,清丽潇洒,琅琅可诵,诗风比较接近五四的白话诗。因他足迹遍及世界各大名胜古迹,也遗下不

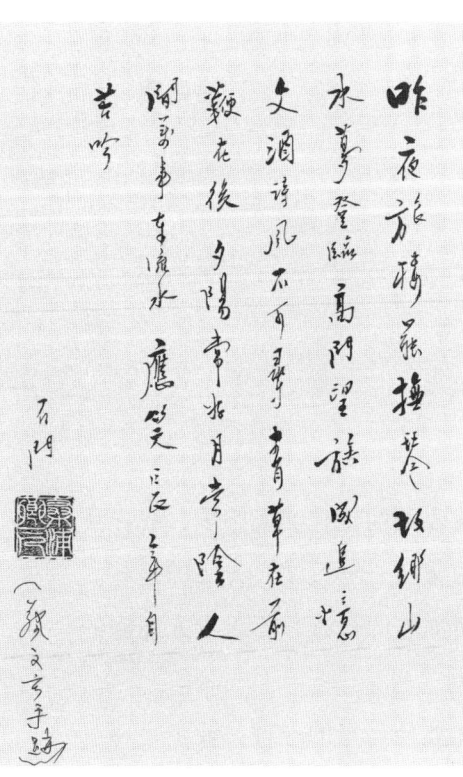

蔡文玄手迹。

少游记和旅游诗。

论者认为，柳北岸写的虽是白话诗，但十分严谨。他曾写了长达一百四十页的叙事诗《无色的虹》。有人认为他的诗风与早年内地诗人孙毓棠较接近。上世纪四十年代，后者曾写了一首题为《宝马》的长篇叙事诗，轰动一时。

柳北岸的诗是典雅的，也很有韵味，记忆中他有一首《故居告别》，便很让人回味的，兹摘《故居告别·序曲》其中的一段：

许多年来朝夕相守／而今你却为我筹下一笔路费／让我带走了庭中胡姬／留下了青春石磊／你默默无言接受告别／教壁上的绿苔表示怨怼／恕我这个无能主人／对搬来搬去没有是非

——《梦土》

"梦土"及"故居"都是令人牵魂萦绕、拂之不去的文字符号，故居与故乡一样，都只能在午夜梦回中寻觅的。

文玄先生在给我的信中，也透露他务实的文学主张。他在一九八一年十月二十二日给我的信件中特别指出："当新加坡在战前属于中国文化之尾闾，写作人之学习写作，大多模仿中国之作品，即使幼稚一点，亦有可读之处。迨至近十年以来，在报刊上读到者，年轻人十之八九多受台湾灰色文艺所影响，即造句遣词，亦有照搬者，真教人为之扼腕。因此之故，我每次读先生对国内写作人之介绍文章，认为功不可没。"

我曾承文玄先生惠赠好几本著作，后来搬了家，竟然一本都找不到。后来我特地翻查一本新加坡几个文学团体联合编辑出版的《新加坡华文作家传略》，上面有蔡澜及其弟弟蔡萱的条目，独缺蔡文玄或柳北岸的条目，令我百思不解。

蔡澜是搞电影出身，八十年代后期才在香港报刊写专栏成名。蔡萱是新加坡广播界制作人，拍过多部电视连续剧，业余写作。他们的父亲的文名，比起他们更远早得多了。

《新加坡华文作家传略》在介绍蔡澜时，特别提到蔡澜的艺术受到画家刘抗及冯康侯的影响，我相信他的文学艺术更早是受到乃父的影响。文玄先生写得一手好字，他给我的信，都是用小楷毛笔书写，行文流丽飘逸，别饶笔趣。蔡澜的书法也有文玄先生的遗韵。

与文玄先生开始通信始于上世纪七十年代末八十年代初。那时，我在香港"三联书店"任事，书店正与"花城出版社"合作出版《郁达夫文集》和《沈从文文集》，其间也曾向他打听过郁达夫在星洲的行迹，文玄先生听到出版《郁达夫文集》消息，很是振奋。

他来信表示："关于郁达夫先生之文集等，先生之出版社将予以出版，甚慰。在战前，弟居中波路，与郁对门而居，彼此亦常往来，当时确存有郁氏全家照片以及彼与李小瑛之合照多张，惜于旧居中先后散失殆尽，但对于郁氏之遗墨，弟与友人当存有三数张，兹待拍照片之后，当即奉寄。"云云。

他还提到："新马作家中有郑子瑜、李冰人、吴之光等数人曾编辑郁氏文集，至于专门研究郁氏作品者似乎不多，所缺少郁氏的遗文，弟将拜托友人找寻，倘能找到，自当续寄。"

文玄先生是一个古道热肠的人。他曾为此事奔走，向新加坡专治文学史料、文坛耆宿方修先生等人查询有关郁氏的资料。

他在另一封信指出，他发现郁达夫早年在《星洲日报》为鲁迅逝世三周年发表的文章，可惜《星洲日报》的合订本在战时已毁。他在一九八二年三月十八日给我的信，侃侃而谈星马著名学人许云樵先生的东南亚研究所："存有全套，可惜许先生去年逝世，该馆所存之中西书籍数万册，已售予星洲商人许木荣君。本来，许君自称将在星寻一适当房子，以便设立许云樵先生之藏馆，但迄今全无消息，说该批今古书籍装箱后存于许君之栈房，目前为彼借出，已甚困难。"

文玄先生来函曾提及新加坡的"星洲书店"横匾是出自郁达夫的手迹。他还特地跑去拍了照片，冲晒后连底片寄给我。照片合共两份，让我收到后寄一份给郁达夫的侄女郁风，可见他的细心和周详。

文玄先生给我其他的函件，还提到若干中国的文化人、作家，包括沈从文、胡风夫人梅益、沈从文先生助手王亚蓉女士。

其中，他还向我特别推荐获"金牌奖"的新加坡小说作家谷雨。当年新加坡出书较困难，他在香港为其介绍出版社，印刷费则由他独力承担，并叮嘱代发行港台内地。

彼其时，香港出版社及读者对新加坡作家讳莫如深，在出版上存在不少困难，难得的是文玄先生不惮其烦，隔岸代寻出版社，出钱出力，务必促成其事不可，其对文化的热诚，感人至深。

文玄先生在来信中，还预订了两套《郁达夫文集》，说是一套自己保存，一套送给朋友，书款都是由蔡澜转给我的。

蔡文玄，一九〇五年六月十二日广东潮安出生，在中国内地时，曾在新闻界和教育界服务过。一九三七年南来新加坡后，曾任邵氏电影公司中文部主任。除柳北岸，其他笔名还有：杨堤、秦西门、白芷、朱贝等，他分别以这些笔名发表新诗、散文、小说，又用李村为笔名撰写电影剧本，以诗歌闻名。已出版的作品有：诗集《十二城之旅》《梦土》《旅心》《无色的虹》。他曾经担任过新加坡作家协会主席，为新加坡写作人协会顾问。

蔡文玄于一九九五年逝世于新加坡，享年九十一岁。与蔡夫人不一样，文玄先生生活十分严谨，印象中是烟酒不沾，而蔡夫人则无酒不欢，蔡澜这方面大抵受到母亲影响较多。蔡夫人则年近百岁才仙游。

文玄先生正职是电影公司的主管，但是他的举止行迹有恂恂的儒者风范，他更像一个读书人和文化人。

《联合早报》2011年10月10日

蔡文玄子女捐二千多本藏书给国大

前任邵氏电影制片厂新加坡中文部经理蔡文玄的子女，捐出一批父亲的藏书给新加坡国立大学中文图书馆。在二千多本捐出的书籍中，有部分线装书是国大中文图书馆不曾拥有的。它们的加入将使图书馆的研究资料更为完整。

这批藏书包括由著名学者饶宗颐审定的《潮州志》，以及一九八六年文化奖得主、书法家潘受的诗集《海外芦诗》。另外还有一百多本是早期的电影剧本，丰富了国大中文图书馆有关蔡文玄和邵氏公司的研究资料。

国大中文系容世诚副教授指出，中文系正好有学者在研究中国地方史，因此《潮州志》将有助于推动大学在这方面的研究工作。

国大中文图书馆主任李金生则指出，饶宗颐是研究潮州学的权威学者，曾在新加坡大学担任中文系主任。李金生说，中文图书馆

蔡文玄是诗人,以笔名柳北岸出版多本诗集。

虽有《潮州志》，但却没有饶宗颐审定的那一套，得到这套书将使中文图书馆有关潮州学的藏书更为齐全。

蔡文玄在一九三七年受聘为新加坡邵氏兄弟有限公司中文部经理，一九七三年退休。许多送抵新马两地的港片，因为考虑到内容可能和本地社会民情有抵触，拍摄前剧本都会送交蔡文玄处审阅，并建议修改内容。

他也是诗人，以笔名柳北岸出版多本诗集。他在一九九五年一月六日故世，留下收藏多年的书刊和许多珍贵的电影文学资料。这次决定捐出藏书的是他的长女蔡亮和幼子蔡萱。

一九九七年，蔡萱在香港电影资料馆殷切要求下，捐出蔡文玄收藏的三分之二电影脚本。

对于本地珍贵电影文献的"出走"，本地文化人曾表示惋惜，认为失去这些珍贵的电影资料是让人遗憾的事。

对此，蔡萱说："香港电影资料馆有完善的组织和系统，我们相信这批资料会得到妥善的处理。对这批文物，我们没有什么地域观念，谁用得着，谁会重视、珍惜，就送给谁。"

不过，曾经担任新视戏剧组高级制作经理的蔡萱，仍把一部分剧本留了下来，没送走的电影脚本包括《十四女英雄》《独臂刀》《绝代双骄》等脍炙人口的电影。

二〇〇〇年，国大一名研究生在容世诚建议下，开始研究蔡文玄，也因此联络上蔡萱。容世诚注意到，尽管邵氏公司拍摄的电影几乎全经过蔡文玄审阅才开拍，而蔡文玄收藏的电影文献也成为世界各地从事电影研究学者炙手可热的资料，但香港电影资料馆在二〇〇三年出版的《邵氏电影初探》一书中，介绍与邵氏公司发展息息相关的人物时，却唯独少了这名剧本把关者的名字。

二〇〇三年，蔡萱把四百三十二本影剧送给国大中文图书馆。

中文图书馆主任李金生说："相信是这名研究生对研究蔡文玄的热忱感动了蔡家，让他们把蔡文玄的收藏捐给图书馆。"

今年八月，蔡萱在准备搬家时整理出二千多本书，并主动联络中文图书馆。他说："书本犹如钞票，如果你不用它，它就只是一堆纸，没什么价值。"

为了让更多学生认识蔡文玄并激发他们这方面的兴趣，国大中文图书馆今天下午三时将进行一场《蔡文玄与邵氏公司》文化座谈会。主讲人是蔡亮、蔡萱、容世诚及中文系博士研究生麦欣恩。蔡家姐弟将讲解蔡文玄生平，容世诚和麦欣恩分别讲解邵氏电影与社会的关系及电影脚本对研究电影的重要性。座谈会主席为李金生。

《联合早报》2007 年 10 月 23 日

感恩的心,是激励人心的酵素

——蔡亮,南洋女子中学前校长

潘思闻(2002年,南洋女中四年级生)

她是一位儒雅的学者,以其渊博的学识影响着她的学生;她是一位优秀的领导者,以其独特的人格魅力引领着她的团队;她更是一位心存大爱,把亲人、教职工、学生装于一心的人。她就是献身教育三十八年,从一九七七年到一九九五年,担任了十八年南洋女中校长的蔡亮女士!

这位精神矍铄、眼神中透着慈祥的老校长,回忆起刚上南中时,她偏科比较重,曾获得全国作文比赛冠军及校内多次作文比赛冠军,后来学校就不让她参加校内作文比赛,希望这样能给其他同学一些机会。她上初二时,英文老师郑延益,采用新的教学法,由拼音、语法开始,用合适的课文,打好她的英文基础,引起她学习英文的兴趣。初三时,教数学的黄碧珠老师以系统、严谨的教学法,对学生常出错的数题进行细致而耐心的讲解和总结。

感恩的心，是激励人心的酵素。她当老师的时候，也认认真真地做好每一件事，帮助学生最大限度地发掘潜能。为了这个目标，她一丝不敢懈怠，总是要求自己"每一堂课都讲得精彩"。

还记得在肯士路的课堂教地理时，一名小学生经常站在窗外听讲，并且鹦鹉学舌，老师讲一句，她也大声模仿，干扰了上课。最后，老师忍不住，追呀追！追到校车车房，没想到当她升任训育主任时，这个孩子也升上了南中，她对校裙必须及膝的校规很不以为然。一日，为了挑战权威，竟穿了一条拖地长裙到学校，引起全校轰动。蔡校长把她叫到跟前，认出了她。她没有严厉苛责，晓之以理，动之以情，终于教化了这个叛逆的孩子。蔡校长深深地体会到：只要师长用爱心、耐心去辅导，因材施教，孩子们总是会受教化的。

一九七七年任南中校长，当时正面临华校的风雨飘摇期，许多华校支撑不住，纷纷关闭。她深感责任之重大，力求母校与时并进，蓬勃向上；培养学生有适应新世纪步伐之能力。回想过去，学校经济上能由负债转至财务稳固，由辅助学校进而成为自主名校，老旧校舍迁至辉煌巍巍的新校舍。一切成就全由董事会、历届校长、教师、学生、校友不断努力，社会人士大力支持，在困境中自强不息，勇往直前，开拓新天地。她效力其中，甚感欣喜。

总结服务母校的心路历程，她感激母校在品格、学识、信心、任用等方面的栽培，使她始终执着于"勤慎端朴"校训的作风。刘韵仙校长之威信、魄力、刚毅的性格及刘佩金校长温和、忍耐、谦虚之温柔情怀，使她受熏陶而采取"刚柔兼施"的办学之道。特别

1995年，蔡亮校长挥泪告别南洋女中。

附 录

是刘韵仙校长独具慧眼，尽力寻求有才干的良师教导学生，并珍惜礼待他们，使他们对学校尽心服务，建立了南中勤奋的团队，直接使学生得益。这影响了蔡校长掌校时对同事的尊重、信任，使南中的领导风格与办学精神得以传承。

蔡校长始终认为培养新型人才十分重要，要打破常规，争取让南中走在时代的前端。希望南中人时时刻刻记住我们是传统华校，要保有优势，培养优秀的双语双文化人才，既要兼通，更要精通。希望南洋女中能够越办越好，薪火相传，一代比一代更好。

黄昏岁月夕阳红
改变舞台演新戏
退休不是休止符

——南洋女子中学前校长蔡亮

写书、弹琴、练舞,保持身心健康,对她来说,是实现小时梦想的消闲活动。陪着丈夫、照顾孙子、烹调烘煮,换取一家人的欢笑与满足,她认为,这是她退休后的"全职工作"。

退休了五年的南洋女子中学前校长蔡亮(六十五岁)觉得,长期长时间的工作环境,使她不能好好地照顾丈夫和孩子,多年来她心中常觉得亏欠了他们。

献身教育界三十八年、在南中度过大半教书生涯的蔡亮,因为自己对艺术的热爱,在南中担任校长时,一直都大力推广艺术教育。如今,尽管已离开了校园,她依旧追求着自己对艺术的那份执着,忙着拜师学钢琴、学跳舞。

"小时候,家里没那种经济能力,所以虽然很想学琴、跳舞,却没能力实现梦想。我一直都抱着'人生不能有缺陷'的人生观,

1995年,蔡亮在退休前夕清理文件。

1995年,蔡亮在欢送夜宴上。

蔡亮退休后,实现小时梦想的消闲活动:写书、弹琴、练舞。
(摄于1996年)

既然现在有时间、有能力去实现小时的梦想,我就一定要完成心愿。"

教学经验丰富的蔡亮还在"莱佛士出版社"的邀请下,开始执笔创作,写下自己这三十八年来的经历,出版了《少年早知愁滋味》及《吾家有儿初长成》的辅导系列丛书。目前,她正忙着写完这个系列的最后一本书《莫等闲白了少年头》,预计会于明年完成。

"我觉得这么多年来对学生的辅导经验和亲身经历,不应就这样消失,因此,当'莱佛士出版社'找上我出书时,我就答应了。我愿分享我的经历,帮助老师、家长解决一些青少年可能面对的棘手问题。"

待整个系列的华文丛书正式推出后,蔡亮还会着手将书译成英文,以方便较常讲英语的现代家长,及更广泛的英文读者群。她说,这是个长青系列,因为书中所谈到的青少年问题,永远都会存在。

蔡亮受访时坦言,她在快退休之前,曾感到有点茫然,甚至是不知所措。"忙惯了,一下子要停下来时,有点不知该往什么方向走。就像琴弦一旦拉紧,突然松开它时的那种感觉。"

"不过,我告诉自己,退休是一个新的开始,不是一个休止符,生活不该这样就告一个段落。舞台或许改了,但是,戏还是要演下去。过去的生活方式已完全改变,必须重新调整,去寻求自己想做的,感到有兴趣、有意义的事情。"

蔡亮正在接受记者的访问。

积极学琴、勤练舞蹈，是因为她觉得学习与运动能使人活泼健康，而新的事物、新的问题则具有挑战性，须要自己去尝试克服、解决困难。

"一些人退休后，可能什么都不想做、什么都没有兴趣。我却不允许自己停下来。只要自己充满活力，就不会感到颓丧，岁月年华也就不会白白流失。"

《联合早报》2010年

THE FIRST LADY OF NANYANG …
What you've always wanted to know but didn't dare to ask

By Laurel Lin Jue, Sec 3/2 (1990)

Nanyang Girls' High School

In a rare interview our principal, Mdm Chua Liang, allowed me to invade her privacy.

Born in China to parents who were both teachers, she spent her first five years there, escaping to Singapore when the Japanese invaded Northern China. Life was hard and like many during the Occupation, she experienced considerable emotional and physical hardship. Depsite the passage of years, she has vivid memories of those difficult years:

"I remember that we lived on a hill along Holland Road. It was on the first day of Chinese New Year that my father noticed a great deal of activity at the foot of the hill and realized that the Japanese had arrived. The whole family rushed off down the other side of the hill, empty-handed and bare-footed, it was lucky that we did as the whole village was later completely wiped out!"

In those war years, she was often to be found at the Tai Wah Cinema where her father worked. Films were screened through the night and Mdm Chua recalled how she used to eat her meals in front of the screen while watching a film. She attributes her knowledge of numerous Cantonese songs and theatre art to her early exposure to them then.

But she had more serious interest too. Even as a child, she had a great passion for books and learning. Though the war prevented her from attending school, she read at home. After the war she lost no time in resuming her formal education at our school and attained the Senior Middle High Level in 1954 before attending Bartley Secondary School for a year to take her Cambridge School Certificate. Thereafter she returned to Nanyang Girls' High to begin her career in the Education Service, rising eventually to become the principal.

She met her husband while on a teacher training course. Neither of their families were able to afford the expense of their tertiary education but, undauntedly, they pursued their studies by funding themselves through teaching. In the mornings, both of them attended classes at Nanyang University and in the afternoons they taught at a school. Often they did not even have time for meals in between. Clearly, the qualities were so admirable in our principal and contributed in no small measure to her effectiveness as a leader — diligence, resourcefulness, tenacity of purpose, strength of character — were already evident then. The thought of her arduous quest for an education might make us desist when we next feel tempted to bemoan the stresses and strains of our educational system.

To most of us Mdm Chua represents a figure of authority. We see what is essentially her public face and know little of her private life. I took the liberty of asking how she spent the after-school hours.

"Actually, quite often I'm here even after official office hours; when there are things to be done, I like to attend to them promptly. When I do manage to get off, I try to relax. I have more time for myself now as both my children have grown up. When I get home, I take a rest, linger over a cup of coffee, and when my husband comes back we have dinner, talk about what has happened in the day, and perhaps watch some television if there is something worthwhile."

On Sundays she usually takes the opportunity to sleep in for a bit unless she has to go to the market. The rest of the morning is then spent attending to housekeeping matters and writing to her children.

For those of you itching to know what her hobbies are, this should interest you. True to the scholar that she is, her chief hobby is reading. She describes herself as being an avid reader and reads when and wherever she can. In addition, she also enjoys Chinese brush painting and cooking. She is a good cook, though with her busy schedule and having an Indonesian maid to help, she does not do much cooking these days. However, whenever her children are back from holidays she will take over and cook not only the main meals but also prepare many of their favourite snacks, such as "fen guo", "chai tow kway", and "guo tie".

You might also be interested in this "spicy" secret: our principal's favourite food is chili. Obviously, this "sinkek" who emigrated from Swatow to Nanyang — the South

Sea — has fully acquired the local taste. Her fondness for chili is so great that some of her friends have actually crowned her "Chili Queen". Fittingly enough, her favourite colour is red!

Mdm Chua has two sons — both reading law overseas — and she is justifiably proud of them. A very human touch emerged when she spoke with sadness of her third pregnancy. She was teaching a Geography class when a mischievous girl standing outside the classroom became disruptive. In a moment of anger, she chased after the girl and that bought on a miscarriage. The pregnancies which gave her sons necessitated six and eight months, respectively, of immobilization on a hospital bed. Little wonder her sons are VIPs in her life. Many great people live their lives guided by some mottos and our principal is no exception. For her, it is: "You have to be clear about your principles and be true to them; then and only then can you become a good person."

What about her view about us "Nanyangals"?

"You are getting brighter and smarter and your ability to cope with problems is greater. You people may not always be aware of it but there are many times when we are very proud of you."

"Hear, hear".

Mdm Chua spoke of her retirement. Most of us tend to think that retirement means sitting at home doing nothing, but not our principal. She cannot imagine herself idling and vegetating. She has always lived an active and full life and she intends to go on doing so. She plans to spend time not only with her family — especially the grandchildren — and her hobbies, but also to do something that will help her fellow beings.

It will be a very sad day indeed for Nanyang Girls' High School when Mdm Chua retires in five years' time, but for her it will be the beginning of another chapter of her life, one no doubt as rich and fulfilling as her present one. In Shakespeare's inimitable words:

... age cannot wither her, nor custom stale her infinite variety.

(Extracted from Shakespeare's Antong and Cleopatra, 1606)

A TRIBUTE TO MADAM CHUA LIANG
on her retirement as principal Nanyang Girls' High School

By The Nanyang Family, 13 May 1995

"We are one family, the Nanyang family."

This guiding principle underlies Madam Chua Liang's effective and capable leadership of Nanyang Girls' High School and her conduct of her own private life.

Today marks the culmination of an illustrious career in education which began way back in 1949 when Chua Liang, then, a young girl of 16, just after the disruption of the Second World War, entered the portals of Nanyang Girls' High School as a Junior Middle One student, not realising that was the beginning of a lifetime "marriage" to the school. Her subsequent six years as a student in the school helped cultivate a deep love for the school and at the same time, provided her with many opportunities to develop her natural abilities. Her talents and accomplishments in those young years did not go unnoticed. This beautiful school girl has flair for the Chinese language and Literature and her love for the arts were evident in her active participation in drama presentations, essay competitions and many others in which she won numerous prizes. Many strong bonds of friendship were also forged then. These bonds remain as strong as ever today. In the China Tour 1993, the Nanyang delegation was warmly welcomed by alumni members including the former Mayor of Xiamen, who was Madam Chua's classmate.

Madam Chua Liang's passion for books and learning plus her easy rapport with young people spurred her on to an outstanding and enviable teaching career.

She joined the school as a teacher in 1961 and taught subjects as diverse as Geography and Chinese language. Even as far back as that, she helped set the right tone conducive for study in the school as an effective Discipline Mistress.

Her diligence, resourcefulness, strength of character and her leadership qualities among others led to her well-deserved promotion as Principal in 1978.

A glorious new chapter in the history of Nanyang Girls' High School began then.

With her foresight and vision, Madam Chua Liang led the school in a field that was becoming more and more competitive. And yet, Nanyang forged ahead with formidable achievements both academic and non-academic.

Academically, examination results soared and Nanyang girls were welcomed in prestigious institutions of higher learning.

Her strong belief in the importance of an all-round education saw the school life of Nanyang girls enriched with cultural performances (both in and out of Singapore), musicals, dramas, debates and a lot more. She encouraged cultural exchanges with other countries and opened up the world for the young minds she helped to mould. With her blessings, and most of the time, with her personally leading them, Nanyang girls saw the world, to places as far away as England, France, Italy, China, Australia, Norway, Sweden and many more.

Nanyang girls thus became the envy of many of their counterparts in other schools.

All this was possible for as a Principal, Madam Chua Liang's dynamism and exemplary conduct of herself while at the same time remaining a warm and approachable person, helped build a family spirit among the staff and students.

Not many women can successfully balance a career and a family, but Madam Chua Liang did and she did it well. Her private life complements her public life.

A proud mother to two lawyers and recently an ecstatic grandmother to little Wee Lin, Madam Chua Liang is the epitome of a Woman of Substance.

Despite her hectic schedule and heavy responsibilities in school, she never failed to make time for her VIPs in life — her husband and her sons… and now… her granddaughter. She enjoys gardening, marketing and seeing to the needs of her family. A filial daughter, she unfailingly returns home every weekend and cooks for the whole family.

She is also the caring and respected elder sister to Chua Tan（蔡丹）, Chua Lam（蔡澜）and Chua Swan（蔡萱）, famous personalities in the Chinese literary scene.

Madam Chua Liang has touched the lives of many....

…her students

…her colleagues

…guests from all over

the list is unending.

She has touched their lives with her warmth, her smile, her care and concern, her strong principles, her open-mindedness, her grace, her youthfulness at heart, her dedication, her earnestness and most strikingly, her love for life!

As she retires, our hearts are heavy with sadness and our minds a wealth of memories. Our apprehensions and sense of loss is like the severing of the umbilical cord — for truly, she is a mother figure to us all.

But let her go we must, for this is a retirement well-deserved.

Principal, we bid you farewell, but we know that there will be a part of you forever in our hearts just as we know that there will be a part of Nanyang in yours.

Thank you, dear Principal, for the important part you have played in our lives and we wish you a very happy retirement.

Principal, we salute you!

蔡澜印象二三

何 华

我的老板潘国驹教授和蔡澜先生是"发小",两人交情悠长。两周前,潘教授请蔡澜到新加坡演讲,让我做些接待工作。蔡澜好"色",其实,找个美女接送相陪应该更妥。潘教授"一时疏忽",把任务交给了我,大概那一刻他头脑里想到的是,我也喜欢"写写弄弄",比较熟悉蔡澜的文章吧。

说到蔡澜的文章,它们是典型的香港快节奏生活的产物,文风老辣,痛快淋漓,不啰唆不兜圈不耍文艺腔。他写美食、写电影、写旅游、写人情世故,这些都是我偏爱的题材,也就越发爱读他的文章了。

十一月二十三日上午,他让我陪他去万礼殡仪馆祭拜曾希邦(一九二三年至二〇一四年),到曾先生的灵位前"上一炷香"。曾希邦是谁?蔡澜对他为何如此恭敬?我后来才知,曾希邦是一位老报人，文章写得好，精通中英双语，才华高妙。有才的人，多少有点恃才傲物的脾气，工作上和同事磕磕碰碰，不太顺利。曾的晚年，蔡澜鼓动他写微博，在网上谈翻译，把一肚子学问奉献出来，即刻赢得大量粉丝。老先生的晚境算是欢畅的，一生有了好收场。曾也是摄影爱好者、器材发烧友，蔡澜这次将他用过的摄影器材带到香港寻找买主，以助曾家。

蔡澜自己承认"文学和翻译，影响我最深的就是曾希邦先生了"。蔡澜从小在他父亲蔡文玄先生的办公室见过曾先生；中学时，他拿了稿费去泡酒吧，遇到曾希邦。曾当年还是独身，经常光顾欢乐场所，遇到蔡澜他大喝一声："你到这里来干什么？"

大喝之后，两人从此结缘。蔡澜出国后和曾希邦书信不绝，"数十年来信纸堆积如山"。

一般上，我们认为新加坡是美食国度，蔡澜却不这么看，只有极少数几家餐馆他认为是好的。我和两位好友请他去一家我们认为最好的肉骨茶摊位，他尝了一口汤，就说不行；吃了一口蒸鱼，又说不行。总之，这不行那不行。他说他有说真话的储备，老了，可以拿出来用。不过，他还是给了我们面子，没有在记者面前说，否则报纸登出来，我们也没脸再去这家店了。吃完肉骨茶，蔡先生提议去吃冰淇淋。他说几年前医生告诉他血糖正常，突然就对甜品有了欲望，那天他除了冰淇淋，还点了一杯粉红的草莓奶昔，一边吃一边自我调侃："暧昧。"

蔡澜爱穿也会穿，衣着品位挺高。人靠衣装马靠鞍，蔡澜

留学日本的蔡澜，对日本文化非常熟悉。

走出来是有派头的。他喜欢穿色彩鲜明的麻质衣衫（看上去像是BritishIndia牌子），印花也好绣花也好，看起来蛮顺眼。说实话，这类衣服穿不好就俗、就娘、就土豪。蔡澜倒是压得住这身衣服，穿得干净服帖明朗灿烂。那两天，他行头换了四五次，最抢眼的是一袭灰色长衫，布料是大名鼎鼎的日本"小千谷缩"。"小千谷"是地名，位于新潟县；"缩"，日文绉布之意。这种麻质布料夏天穿最舒服。不过，夏天的舒服是冬天的辛苦换来的，它需要在下雪的冬日制作。手工抽取苎麻纤维，捻成线，和棉线捆成一束，使用一架简单的背带式织布机，织出几何或花朵图案。最终将布匹放置在雪地上晒十多天，等它缩皱。

　　布料铺在雪上的"雪晒"场面成为小千谷的一道奇特风景。这种独特的手工艺已被列入联合国教科文组织非物质文化遗产名录。

《联合早报》2015年1月2日

蔡澜：本地美食消失　因新加坡人缺乏进取心

高健康

香港著名美食家蔡澜认为，新加坡的食物今非昔比，显示新加坡人只求安稳度日，缺乏进取心，他希望看到年轻国人有多一点理想，努力追求"今天活得比昨天更好，明天要活得比今天更精彩"。

蔡澜祖籍广东潮州，出生于新加坡，十六岁到日本留学专攻电影，二十二岁时定居香港，任邵氏电影公司制作经理，十多年后任嘉禾电影公司副总裁，曾监制一系列成龙的电影。

除了电影制作，蔡澜也主持电视节目，并长期为报刊撰写专栏，至今共出版超过二百本著作，包括游记、人物、食经、笑话和人生哲学等，其中以饮食文章最广为人知，与金庸、倪匡、黄霑合称"香江四大才子"。

这位七十一岁的才子昨天应醉花林俱乐部文教委员会之邀，在醉花林俱乐部为新书《蔡澜家族》举行发布会，并与六百多个慕名

蔡澜在香港影城接待外国贵宾。

而来的读者进行交流。

自称"七十不逾矩"的蔡澜在回答读者提问时妙语如珠,现场笑声和掌声不断。

例如有女读者问:"潮州人口音重,你如何在香港学讲广东话?"蔡澜答曰:"很简单的方法,交女朋友。"

不过当有读者问蔡澜对吃的研究从何时开始,他立刻变得语重心长,答案也富有哲理:"人生如果好奇心很重,对吃也一定会比较讲究。"

他指出,小时候在新加坡能吃到非常美味的虾面和猪杂汤,但现在的食物却一点也不好吃,"我很悲哀的一件事,就是看到新加坡的美食就这么一样一样地消失掉,像濒临绝种的动物,一种一种地绝迹,很可惜"。

蔡澜认为,新加坡如今美食难寻,食物大多做得不好,是因为新加坡人只求安逸平稳地过日子,缺乏进取心。

"看到年轻人我很失望,大家都说爸妈有钱,以后一定留给我,我何必赚这么多,何必这么努力?我们那一代不同,为了让自己和父母生活得好一点,很拼命,做每一样事情都很花功夫,对吃的也很用心去研究,所以跟现在不同。"

除了批评,蔡澜也不忘提出忠告:"我很希望看到年轻一代有多一点点的理想,就算不是为了世界,为自己都应该努力,多赚点钱才可以多享受一点。有钱并不代表一切,但多赚一点,让自己今天活得比昨天更好,明天要活得比今天更精彩,往这个方向去走的

蔡澜接受电视主持宋熙年的访问。

话,可以走得很远,也可以得到人生的很多享受。"

《蔡澜家族》是蔡澜与姐姐蔡亮(八十岁)和弟弟蔡萱(六十六岁)合撰的家史,讲述一个从广东汕头南来的华侨家庭温馨而有趣的亲情、个性及故事。

姐弟三人昨天一同出席新书发布会,主持人是南洋理工大学高等研究所所长兼醉花林俱乐部文教委员会主任潘国驹教授。

蔡亮曾担任南洋女中校长十八年,蔡萱则是我国著名的电视监制,代表作品包括《咖啡乌》《潮州家族》和《三面夏娃》等。

此外,蔡澜还有个哥哥蔡丹,性格开朗乐观,一生事父母至孝,不幸在一九九八年病故。

蔡家四姐弟深受父母亲身教言教的影响。父亲蔡文玄早年是邵氏影业公司新加坡分公司的经理,业余写诗、作文,笔名柳北岸,坚守文人风骨;母亲洪芳娉是女权分子的先驱,做事果断,敢作敢为。

蔡亮透露,出版这本书是为了完成父亲生前想写自传的遗愿,但她也希望有更多海外华人撰写自己的家族史。

"我相信每个海外华人的家族都有它可歌可泣的故事,值得写下来,让我们的子孙知道先辈是如何地奋斗求存,才给大家带来如今这么美好的生活。"

《蔡澜家族》由香港"天地图书"出版社发行,配合发布会特地从香港运来的一百五十本书,昨天已被抢购一空,本地书店预计到五月底才会上架。

答问录

问：你的姐姐和弟弟都在新加坡，未来20年你想继续留在香港还是回来新加坡？

答：我绝对不会回来新加坡了，我不认为新加坡能够给我什么乐趣，除了见见家人，和老朋友打打小麻将。这里的东西越来越不好吃，东西越来越贵，居住环境也不见得越来越好，虽然有很多新建筑，但好像与我无关，这个不是我认识的新加坡。我认识的新加坡很安静，很小，还有马来人的甘榜，到处有老老实实在炒和焖的小贩。

我现在来新加坡，想吃美食要很努力地去找，不是没有，所以我是永远抱着希望。希望年轻人能更珍惜老的传统，这不是食古不化，因为我们相信好的东西是永恒的，好吃的东西也是永恒的，只要大家追求下去，一定可以做得到。我希望看到一个可以留得住我的新加坡的出现。

问：你对饮食很有研究，请问乐龄人士应该吃什么才会健康长寿？

答：吃最不健康的东西最健康，想吃什么就吃什么最健康。人的健康有两种，一种是肉体上的健康，一种是精神上的健康。这个不敢吃，那个不敢吃，精神上就有病，精神上有病，身体上就有病。如果这个也吃，那个也吃，我们会很快乐，我们很快乐就会有一种

左起：蔡萱、蔡亮和蔡澜，姐弟们一同进餐。

激素，把不健康的东西统统化掉。所以不要一直讲自己是乐龄，乐龄和年轻都是要过的阶段，不能说我们年纪比较大了，就说成是"乐龄"或"银发一族"。我看我会比很多年轻人更年轻，因为我很能够接受新的东西。不要当年龄是一种分界，要以快乐或不快乐（为分界），如果不快乐就很老，快乐就年轻。

问：你在电影界几十年，看过很多花边新闻和演员的各种绯闻，可否分享一下？你又是如何坐怀不乱？

答：坐怀不乱是要先建立一个好的声誉，就是说不要很滥吃，不要这个也吃，那个也吃，不要这个也偷，那个也偷，那么你就会在电影圈建立很好的声誉。当你建立了很好的声誉以后，你就可以开始乱吃了，因为人家不相信。花边新闻没什么，听花边新闻不如去买八卦杂志。我的书里有很多有趣的故事，讲成龙的，讲倪匡的。大家都在八卦，我和金庸先生、倪匡先生一起吃饭的时候，谈的就是八卦，我们就在那边骂人，讲人家的坏话，和你们是一样的。但不要讲得太下流，比较有品位一点就是了。

《早报星期天》2013年5月5日

倪匡蔡澜　老友谈老友

张曦娜

在香港文化名人蔡澜近年的著作中，取材最为特别，也最为读者津津乐道的是以香港作家倪匡作为主题人物的《老友写老友》，此书另一个版本为中国山东画报出版社出版的《蔡澜谈倪匡》。

《蔡澜谈倪匡》写的是倪匡，但蔡澜在字里行间自然流露了两人之间十分深厚的友谊，以及香港文人间惺惺相惜的交往，不经意间彷佛也记录了上世纪香港文化界的某些陈年旧事，读来温馨有趣。

蔡澜和倪匡有近四十年的交情，两人初识在电影圈，蔡澜当时在邵氏公司任职，倪匡除了写小说之外，也忙着创作电影剧本，在那期间，蔡澜因为发觉倪匡"有一副激情有趣的面孔"，还鼓励倪匡去演戏，促使倪匡在笔耕生涯之余，还有了一段鲜为人知的演员岁月。

倪匡旅居美国期间，蔡澜数度去探望他，陆陆续续在文章中写

《大盗歌王》主角何莉莉（左三）、林冲（右四）与监制蔡澜（右一）合影。

下倪匡在美国的生活趣事。在蔡澜笔下，倪匡为人风趣幽默，兴趣和想法都相当古怪，行事作风因而与众不同。

在浮尔顿酒店大厅内向倪匡提起《老友写老友》，倪匡开心地笑出一团和气说，他和蔡澜对许多事情的看法十分一致，少数时候略有分歧。但两人在性格方面就不尽相同，蔡澜好动，足迹遍及世界各地，而他自己却好静不爱动，很少外出旅游，偶尔出游也在蔡澜力邀之下。他补充说："和蔡澜旅游最有味道。"

说到回归香港，倪匡说是为了太太的缘故。他自己虽然十四年没有回过香港，但妻子太习惯香港生活，一年要回香港几次，每一年几乎大半时间在香港，看着妻子两地来去，太辛苦了，于是为了太太的关系，倪匡终于决定返回香港。

回归香港的日子看来还真如鱼得水。倪匡笑说："返港后这两年多来，每天忙着吃饭，和老友好像有约不完的饭局，回香港之前，我以为这些饭局两三个月就会吃完了。"

倪匡数十年的写作生涯，曾掀起一阵科幻小说热潮，不少作品被改编成电影及电视剧。其中科幻小说系列"卫斯理科幻故事"，包括《妖火》《钻石花》等代表作，更使倪匡一举成名，香港艺人周润发、罗嘉良、陶大宇都扮演过卫斯理。此外，倪匡一手创造的其他小说人物例如白素、原振侠等人物也都深入人心，伴随了两三代读者的成长。

倪匡笔下的卫斯理是个怪人，卫斯理的故事也很古怪，有许多无法从"科学"的角度加以解释的事，由于卫斯理相信有外星人存在，因此有江湖传言，说倪匡曾见过外星人。这些当然是无稽之谈。

倪匡说，他的卫斯理小说系列前后写了四十年，从一九六三年一直写到二〇〇三年，一共一百三十二本。有趣的是，倪匡说，他到香港之前，从没写过任何作品，倒是参加了解放军，当过几年兵，随着部队走过大江南北。一九五七年，他从内蒙古辗转经广州、澳门，到了香港，从此开始他的作家生涯。

倪匡原籍浙江镇海，一九三五年生于上海。倪匡说："一九五七年七月我到了香港，十月就发表了第一篇小说，那时候我只有二十二岁。那篇稿有一万字，稿费给了九十元，我高兴得很，比我做工好赚得太多了。我到香港后，最初只能做杂工，一天领三块半工钱，还要被工头抽佣七角钱，拿了稿费使我发现，写作原来更容易赚钱，可以成为谋生方式，从那时开始，我就不做工，全心全意写作了。"

倪匡创作量十分可观，创作生涯也极富特色。上世纪六七十年代至八九十年代，他在写作高峰期可以每天写两万多字，每天持续供稿给香港各大报章，面对"高压力"的截稿时间，倪匡却轻松自在。二〇〇三年，他却宣布不写了，理由是：写作也有"配额"，配额用完了就写不出来。

倪匡说："以前在副刊连载小说，逼着我每天写，写一天，连载一天，现在副刊不连载小说了，要写就得写一整本书，我反而不想写了。"

本名倪亦聪的倪匡一生多姿多彩，看蔡澜写倪匡尤其有趣，而且别具性格。蔡澜说，倪匡的生命就像毕加索有许多时代，倪匡有木匠时代、Hi-Fi时代、金鱼时代、贝壳时代、情妇时代和移民时代。

依蔡澜的说法，倪匡兴趣广泛，而且玩什么都尽心尽力，很有锲而不舍的精神，但倪匡生性又十分潇洒，"一个时代结束，就从不回头，所收集的，也一件不留"。

蔡澜说，倪匡曾花上几年的时间收集及钻研贝壳，对贝壳的认识达专家境界，还写下多篇论文，寄到国际贝壳学会，受外国专家肯定与赞许，但他最后却把收藏的贝壳全部卖掉，一件也不留。

在蔡澜笔下，倪匡也有游戏人间的时候。在倪匡的众多"时代"中，最引人"八卦"的，当然是蔡澜所说的"情妇时代"，但倪匡对"情妇"一词不以为然，纠正说："说不上是情妇，是'姘头'。情妇是有感情的，'姘头'是没有感情的。过了就没有了。老婆是不能够换的。"

倪匡有多方面才能，除了写小说，也写下许多剧本。蔡澜犹记得，倪匡前后有三百余部剧本已被拍成电影，加上一些还没拍成电影的总共有七百余部之多。香港名导演张彻的电影，有许多就是出自倪匡之笔。在倪匡为张彻编的剧本之中，最著名的要数许多人还记忆犹新的《独臂刀》。

在蔡澜影响下，倪匡编而优则演，扮演过不少客串性质角色，包括作家、抓鬼的道士、酩酊大醉的老医生、喝醉酒的嫖客，参与演出的电影《原振侠与卫斯理》《群莺乱舞》《僵尸医生》等，都有红人如周润发、张曼玉、关之琳、利智、刘嘉玲、王小凤、郑少秋、秦沛等参与演出。

蔡澜说："倪匡在台湾挺红，由于有倪匡演的电影，到了台湾，票房可以卖多几万张票，所以倪匡的片酬不少，以每天计，每天两万港元，拍个十天就有二十万港元进袋。"

倪匡是个性情中人，生性崇尚自由，从小又养成爱读书的习惯，小学时已经看了《红楼梦》，至今仍对《红楼梦》特别偏爱，认为《红楼梦》读多少遍都不会生厌。

自从中国中央电视台"百家讲坛"播出刘心武主讲的"揭秘红楼梦"系列讲座，倪匡对刘心武十分欣赏，认为刘心武对于《红楼梦》及书中小说人物的分析与评论观点很有新意。不久前，他在香港书展中见到刘心武，高兴之下，也不等旁人介绍，立刻冲上前，热情奔放地给刘心武一个拥抱，出其不意间吓得刘心武往后退了两步。

提起这件事，倪匡自己也觉得好笑，他说："刘心武考证秦可卿的来历很新鲜，他发现的一些问题我也都没有发现。那天见到他实在太兴奋了，才会高兴得冲上前去，没想到吓到他。"

《联合早报》2008年11月21日

猫爸·猫妈

黄意会

楼下信箱旁的纸箱里,又有三只可爱的小流浪猫。一只黑,一只灰白,一只斑点。我陪它们玩了一阵,有点想领养的冲动,但是最后还是放弃了,因为我知道我不是一个好"猫爸"。

朋友之中就有好多猫痴。蔡萱家中有三十多只,有一些是领养的,有一些是当年花钱买回来的波斯种猫的后代,到现在已不知传了第几代。

蔡萱夫妇是标准的"猫爸""猫妈",每天除了提供三餐外,对猫儿们的健康状况也照顾得无微不至。有只猫发烧了,软绵绵的趴在地上,他们会喂它喝水,水中还加了"斑纳杜"药粉。前阵子有只猫病得不省"猫"事,"猫妈"还为它做人工呼吸,当然那只是紧急救护,最后还是把猫送交兽医治疗。

蔡萱家里的猫还分为两派:一派的活动地盘是在楼上房间、厕

左起：蔡澜、蔡亮与蔡萱夫妇合影。

所和阳台；另一派的地盘在楼下大厅、厨房和花园。

　　有时楼上派的猫会偷偷跑下来，在梯口处东张西望，但是一看见我们这些陌生人，便又匆匆跑回楼上的地盘。

　　楼下的猫也不是每只都是迎客猫，有几只还是对外人采取视若无睹，睬你都傻的态度。但是有一只名字叫"阿B"的，却是人见人爱，因为我们在麻将室打牌时，它总会跑进来，跳到人的膝上陪赌。蔡萱给它取了个新名字，叫"嗜赌如命"。我正考虑领养它，重做"猫爸"。

《联合早报》2002年1月17日

蔡文玄年表

1905年　　生于潮安县金石市,兄弟5人,姐妹2人,排行老末。

1908年　　3岁时,父亲患黑死病去世,母亲哭盲双眼。

1917年　　12岁,毕业于金石市"群进小学"后,考入潮州市"金山中学"升读中学。

1923年　　中学毕业后,加入部队,做宣传部股长。

1927年　　1月,随部队从杭州打到南京,交战时,足部为流弹所伤,留疤痕。

2月,上司征召回上海印宣传品及标语。

4月,厌恶国民党的贪腐作风,毅然退出部队回乡。

7月,左倾的四兄被国民党缉捕,他把手枪变卖得80元,然后逃到南洋。在汕头教书及在报馆编文艺副刊,结识多名文艺界朋友。

	9月，被党棍旧同学诬告为共产党，被查问四兄的下落及受监视跟踪，不得已到南洋。抵新加坡后，找美芝路油漆店的林姓小学同学暂时借宿。
1928 年	经"群进小学"的林博夫老师介绍，到马来亚大笨珍"大同小学"做校长及教各班华文，月薪 75 元。教学认真生动。年底，却因一次郊游活动，受董事们微言，只好辞职回新加坡。
1929 年	和朋友林龙创立"文茏画室"，因招揽生意而结识了邵仁枚和邵逸夫兄弟。 林龙回中国结婚，以 300 元买下他的股份。 "大同小学"旧同事刘有福传话，受聘"海星公司"（邵氏兄弟公司前身）绘制宣传品、当书记及晚上看管戏院，月薪 75 元。 同时，于《星洲日报》副刊以"文女"作笔名写随笔，但没稿费。
1930 年	侵华日军掠夺东三省，又再萌参军之意兼患严重胃病，认为是水土不合，决辞职回中国治病。
1931 年	回到"汕头市市立第五小学"教书。又在《政报》编名为"活地"的文艺副刊，并结识多名作家。
1932 年	与同校女教师洪芳娉结婚，两人薪酬合共 100 多元。
1934 年	5 月 14 日，长女蔡亮出生。
1935 年	长男蔡丹出生。

1937 年 8月30日,"七七卢沟桥事变"后,中国局势不稳,邵氏兄弟邀回新加坡发展。于是乘荷兰轮船"万福士"经香港前往新加坡。

9月2日,轮船在香港遇上大台风,船沉九死一生。获救后却发高烧,幸得名医吴荣南治愈,后转乘另一轮船"安庆"到新加坡。

9月中,在棋樟山接受隔离,等了3天再前往新加坡,再休息3日3夜才拜会邵氏兄弟,重新获聘,但薪金只有50元,其间要靠为学生补习华文帮补生活费。

1938 年 接妻子洪芳娉、长女蔡亮、长男蔡丹及奶妈廖蜜到新加坡。

妻子洪芳娉经友人介绍在电板公司做收账员,月薪18元。后转到后港十条石的"新民小学"当校长。妻儿住学校宿舍,蔡文玄独自租住罗敏申路(Robinson Road)的爱德华公寓,只有在周末日才能一家团聚。

为邵氏编半月刊《电影圈》的电影宣传杂志。

1939 年 升做经理,月薪加至100元。负责影片的买卖及发行,亦兼任邵氏兄弟的私人秘书。

勤学马来文、马来语及爪夷文。

1941 年 8月18日,次男蔡澜出生。

1942 年　2月3日，日本进攻马来亚，快打到新加坡。邵氏公司停业，邵仁枚搬到阿尔柏王园（King's Albert Park）山顶大洋房，安排蔡文玄一家住山下小屋。

2月7日，上山向邵氏兄弟请安，惊觉东家连夜搬走。为安全起见，遂安排自己的妻儿入住阿尔柏王园（King's Albert Park）山上邵家洋房。

2月9日，日军攻陷新加坡。

2月15日，清晨发现日军从山脚上山来袭，连忙带着家人赤足逃到丁律（Tank Road）邵氏公司的职员宿舍，幸得"光艺电影公司"何启荣赠一个畚箕的白米、旧衣服及炊器。

2月下旬，奶妈廖蜜冒险潜回阿尔柏王园（King's Albert Park）的大屋，惊见全村村民已被日军屠杀，无一幸免。一家人生活陷入困境，妻子洪芳娉催促蔡文玄，跟随邻居们去洗劫后山的洋人住宅。但饱读圣贤书的他坚决不为，被妻子痛骂："太平时的君子，乱世中的窝囊废！"

2月下旬，日军在丁律挨家挨户，命令所有男子接受检证后，大部分受检的人之后被屠杀。幸机警，装作空屋，终避过一劫。

检证后，在买粮食途中。走到里峇峇利路（River Valley Road）靠近 United Engineers 时，被日军喊去搬运冷冻的羊，曾因力气不够，把羊滑下，被日军狠狠踢着，滚到桥下。

一次亦运用机智救同事之妻免受日军淫辱。

被邵氏公司派去管理余东旋街（Eu Tong Sen Street）皇宫戏院（大华戏院 Majestic Theatre 前身）及入住戏院二楼左侧的小房间。

妻子在"大世界游乐场"开了一间百货商店"百合"卖日用品。八岁女儿就在店前小摊子卖香烟、水果、糖果等，赚一些钱来养家，后又和画家陈宗瑞合开一家古董字画店。

1945 年　日本投降前，通过偷听收音机广播，得知日本将战败，故偷偷地收购前殖民时期的新加坡钞票。

晚间请"端蒙小学"的杨抱冰先生教英文。

和平后，以前殖民时期的新加坡钞票合共几千元，和朋友在老巴刹口罗敏申路（Robinson Road）开了名叫"国联"的贸易行，买了一条很大的船，往印尼做出入口贸易。走了两趟，赚了 26 万元。但第三次，没有正式进口证，属非法，船被扣押，货物被充公。赔了很多钱，亏了本，投资失败了。年底，邵氏兄弟重聘为中文部经理，月薪 600 元。负责亚洲区买卖影片、管理电影宣传报《娱乐报》的出版及审核香港的电影剧本，以便在东南亚放映。

	用"苏来曼"笔名为制片厂写了16部马来电影的剧本，如《马来风云》、《蛇郎君》、*Ibu*等，其中*Ibu*最卖座。
1947年	幼子蔡萱出生。
1953年	妻子洪芳娉任"南安小学"校长。
1963年	出版诗集《十二城之旅》。
1966年	妻子洪芳娉退休。
1967年	出版第二、三本诗集《旅心》和《梦土》。
1970年	由连士升发起及推动，成立了"新加坡作家协会"，被选为第一届、第二届主席，后来退而任顾问。
1973年	退休后，获邵氏兄弟公司请入董事局并兼公司顾问。
1977年	写叙事长诗《无色的虹》，叙述他自己和几位好友南来后的遭遇与过程。
1978年	凭《无色的虹》荣获新加坡文化奖。
1988年	再凭《无色的虹》荣获东南亚文学奖。
1995年	1月6日，在91岁生日当天，因肺炎病逝。

蔡亮年表

1934年 5月14日，生于"汕头市市立第五小学"教员宿舍。6岁前，随母姓，名"洪亮"。小学一年级时，被同学取笑，才改回为"蔡亮"。

1946年 新加坡全国学生写作首奖。

1948年 小学毕业考入"南洋女中"，成绩优异。

1951年 初中三，新加坡闹学潮。不喜政治及不愿跟随其他同学参加学潮，被冠上"反动分子""政府走狗""CID（政治部）的人"等标签。受思想激烈的同学孤立、排挤。因学潮，学生罢课，学校只能停课。在没课可上的情况下，往图书馆钻，吸收了不少知识。

6月5日，"南洋女中"被政府查封。

	8月11日，"南洋女中"重新开课。
	10月16日，"南洋女中"刘韵仙校长，赴校途中遭淋泼硝酸，伤势严重。入医院治疗。
	11月，会考开始，左倾分子封锁校园，阻考生入内考试，幸得学生家长解围，才顺利完成考试。
1952年	刘韵仙校长在新加坡久治不愈，赴澳洲、美国治疗多年，由训育主任刘佩金女士代理校长职位。
	连获两年作文比赛冠军，校方指示：因要留机会给其他同学，故不得再参赛。
	演讲、书法皆曾获奖。校内舞蹈、戏剧、中英文主持、报幕活动的活跃分子。在校外，参加话剧、电台广播剧、广告广播录音、代课、补习等，也曾担任拍摄电影片时的中英通译。
1954年	受回新中国的好友们影响，曾萌效忠祖国，回中国求学之意。但被父母发现，见双亲难过不已，才打消回国的念头。年底，高中毕业。
1955年	年初，和大弟蔡丹入读 Bartley Secondary School 九号班。年底考获英国剑桥 O-Level 文凭。因成绩优异，有资格进入新加坡国立大学预科就读。惜家境及传统观念问题，只能把读大学的机会，留给三名弟弟。
1956年	入读师资训练学院，接受教学培训。

1957 年 认识了同班同学黄德炎。年底毕业,获教学专业资格。

1958 年 在黄德炎的引导和陪伴下,上午到南洋大学就读中文系,下午赶回南华女中小学部教学。(因有师训学历,免读大学一年级,直插入二年级。)

1960 年 终于完成大学课程,修得南洋大学中文系学位。

11 月,探访"华侨中学"郑安仑校长的女儿郑蕾娜,巧遇刘韵仙校长,诚邀到"南洋女中"任教。几经周旋,"南华女中"杨瑞初校长才答应把蔡亮调回"南洋女中"。

1961 年 在"南洋女中"教会考班的初数和高数。

1962 年 因数学非专长,向校方要求转教中文、文学史、历史、地理。

12 月 1 日,与同学黄德炎结婚。不久怀孕,后诞下一个男婴;惜因早产关系,只活了 20 天夭折,悲痛不已。

获新加坡剧本创作优秀奖。

1964 年 届 30 岁高龄,再度怀孕,又差点流产,终听从医生嘱咐,要入院卧床 8 个月。

1965 年 2 月 2 日,大儿子黄以坚出生。

1966 年 怀第三胎,胎儿在第 4 个月流产,是个男婴。

1967 年 怀第四胎,再次要入院卧床 8 个月。

12月15日，小儿子黄以彬出生。

同年，升任为训育主任，工作时间更长更忙碌。觉未能好好兼顾家庭，愧对丈夫及两个儿子，决定辞去训育主任职位，争取多些时间在家照顾孩子，但被刘佩金校长再三挽留。

1976年	黄美云女士进入董事会。
1977年	刘佩金校长退休，接任"南洋女中"校长职位。

行政和管理方面，有多年任校长经验的丈夫黄德炎指导和协助，应付游刃有余。

校方资金紧绌，只有1万元可周转。

因1969年筹建山上小学部的40万预算，1974年初开始兴建，1974年底完工，恰遇韩战，建筑材料价格高涨，建筑费由40万元猛涨到85万元（教育部支付20万元），接受校长职时，尚欠副董事主席郭成源先生8万元，只能尽量紧缩各方面的支出及每年举办义卖会、游艺会筹募经费。

1978年	黄美云女士任校方监理员时，了解校方财务上的困境，明白节流之外还要开源。于是两人去拜访各慈善机构及向各富商寻求捐助。为了学校，戏谑自己是"高级乞丐"。

结果完成了爱礼楼的建筑工程，首创的学生视听自习中心，并建成新加坡最大最完善的学校图书

	馆等等设施。
1984 年	荣获国家颁发行政功绩奖章。
1995 年	完成 Linden Drive 校舍和其旁的学生宿舍的设计后，于 5 月 4 日退休。

任"南洋女中"教师 7 年，训育主任 9 年，校长职位 18 年，在"南洋女中"服务了 34 年，加上学生时代 6 年，共在"南洋女中"度过 40 年的光阴。

（1958—1960 年在南华女中任教）

图书在版编目（CIP）数据

蔡澜家族. 二 / 蔡亮，蔡澜等著. — 济南：山东画报出版社，2018.1
　ISBN 978-7-5474-2490-2

　Ⅰ.①蔡… Ⅱ.①蔡… ②蔡… Ⅲ.①蔡澜–家族–介绍 Ⅳ.①K825.6

中国版本图书馆CIP数据核字（2017）第165238号

书　　名	蔡澜家族（二）　Cai Lan Jiazu Er
责任编辑	徐峙立　张雅婷
装帧设计	王　芳
主管部门	山东出版传媒股份有限公司
出版发行	山东画报出版社
	社　　址　济南市胜利大街39号　邮编 250001
	电　　话　总编室（0531）82098470
	市场部（0531）82098479　82098476（传真）
	网　　址　http://www.hbcbs.com.cn
	电子信箱　hbcb@sdpress.com.cn
印　　刷	山东金坐标印务有限公司
规　　格	160毫米×230毫米
	18印张　93幅图　180千字
版　　次	2018年1月第1版
印　　次	2018年1月第1次印刷
印　　数	1—5000
定　　价	48.00元

如有印装质量问题，请与出版社总编室联系调换。
建议图书分类：传记／文学